人間チューニング

ジョン ボウリュウ 著

柏岡 誠治 訳

Published by BioSonic Enterprises, Ltd., High Falls, New York 12440

Cover Design: Phillipe Garnier, Sage Center, Woodstock, NY
Design and production: Pamela Kersage
Editing: J.M. Sirko & Associates, Inc., Lake Katrine, NY
Photographs: Lars Beaulieu
Japanese Translation: Seiji Kashioka

Cymatics Photographs courtesy of MACROmedia

Library of Congress Control Number: 2010924104

Beaulieu, John.
Human Tuning

Bibliography: p.
1. Music therapy   I. Title.   II. Title: Human Tuning

Manufactured in the United States of America

人間チューニングで教えているレッスンは読者に、実施地域の法令に従って必要ならば免許、認証を得て合法化することなく、人の病気あるいは症状に対して、診断し、処方指示をし、処置をし、あるいは音治療実践を行うことの法的な許可を与えるものではない。各国あるいは州は、治療と健康保持増進術の実施に関して異なった法令を持っている。いかなるサービスもそれを与える前に地域の業界組織や弁護士に相談すべきである。

目次

———■———

始まり

———■———

我々は音である

宇宙全体が、我々の知っている全てが、例えば車、コンピュータ、飛行機、家、ビルディング、湖、大洋、大陸、我々の骨、肉、神経、こういったもの全てが、隠された音によって作り出され、維持されている夢の上でのイメージの泉だと想像してみなさい。さらに我々のすること、考えること、良しにつけ悪しきにつけ、道徳的であれ非道徳的であれ、それがそのような音を探し出し合体しようとする試みなのだと想像してみなさい。我々の目的は泉の源に戻ることなのである。我々は対象の価値、すなわち男か女か、車か、などを識別しているが、本当の力はそういった人や物が現れたときに我々が経験する共鳴なのである。経験は我々をチューニング・フォークのように振動させ、そして我々の内なる旅を追認するための音の帰り着くブイとなるのである。

　　さらにあなたが多くのトーンで構成された音として存在すると想像してみなさい。あなたの姿、動き、欲望、と意欲が内なるコンサートから来ているのである。あなたが知り、感じるもの全てが音なのである。あなたのコンサートは至る所にある。あなたがダンスをするとき、あなたの体の器官は音を発し、あなたの筋肉は正しいトーンを弾く。あなたの声は賛美を歌い、星があなたの上に輝くであろう。

無響室

いかにして私が人間のチューニングを発見したか

私は1974年にチューニング・フォークが人間の神経システムを整えるのに使えるかも知れないことを発見した。当時私はニューヨーク市のベルブ精神科病院でニューヨーク大学からの研究補助金を受けて働いていた。私の精神科の同僚が、私の音への関心があることを知っていて、ニューヨーク大学の新しい心理研究室にある無響室のことを教えてくれたのである。無響室というのは、科学的な技術を用いて完全に無音で真っ暗な部屋のことである。私は無響室を経験するために直ちにその研究室を訪問する手筈を整えた。

　私は無響室のことをジョン・ケージの著作『サイレンス』[1]で知っていた。ジョン・ケージは新音楽の作曲家で、哲学者でもあり、完全な無音を追求した著作家でもある。彼の著作『サイレンス』の中で、ハーバード大学の無響室での体験を語っている。完全な静かさと暗闇の中に座っていると、高いピッチと、低いピッチの音を聞いたという。無響室を出たとき、技術者は彼に高いピッチの音は作動している神経システムであると教えた。また低いピッチの音は彼の血液循環の音であった。

　私が初めてニューヨーク大学の無響室に座った時、私は直ちに神経システムの高いピッチの音と血液循環の低いトーンの音とを聞いた。数分後、私は飲み込む音や、胃の唸る音、口のぽんと言う音、心臓の鼓動、鼻や口で出入りする空気の音、脊椎関節のかすかにカチッと言う音、瞬きした時の眉の音までを聴いた。それからの2年間、私は500時間もの時間を無響室に座って私の体が発する音を聞くために使った。また異なるチューニング・フォークやマントラ（インド宗教で唱えられる聖なる言葉）、発声の効果をテストし、その効果を神経システムへの影響として記録した。

　無響室で最も興味を抱かせた音は私の神経システムの音であった。神経システムの音は異なった物理的、精神的、感情的な状態に直接に関連していた。例えば、私が落ち着いていると、神経システムは低く、さらに弱い音を発生した。ある日地下鉄の係員と口論した後で、無響室に座ると、神経システムの音は高いピッチとなり、大きく、金切声のような特性となった。

　500時間、私の神経システムに耳を傾け、私は突然に、神経システムは楽器のようにチューニングされ得ると気付いたのである。私はグリニッチ・ビレッジの

1　Cage, John. *Silence*. Middletown, NY: Wesleyan University Press, 1965.

楽器店に行き、CとAのチューニング・フォークを買った、当時入手できるのはそれ
だけだったのである。そしてもう一度無響室に入り、神経システムの音を聞いた。
チューニング・フォークを膝で叩いて耳に持って行ったのである。二つの音は瞬時
に一つの振動に溶け、私は同時に2つの非常に異なるしかし明らかに関連した変
化に気付いたのである。神経システムの音が、チューニング・フォーク音に合うよう
に変化するのを聞いたのである。さらに、私の体を保持する方法にも変化がある
ことに気付いた。私の全身と神経システムが一つになるという明らかな経験をした
のである。

　　私はそこでさらに多くのチューニング・フォークが要ると悟った。1973年に
それらを入手することは非常に困難であった。ニューヨーク州北部での会議に向
けてドライヴしていたところ州警察官がスピード違反で私を道路わきに止めさせ
た。彼は座席に2つのチューニング・フォークがあるのをみつけ、「それは何に使う
のか」と聞いた。私はつい私がベルブ精神病院の治療師で音と神経システムにつ
いて研究しているとしゃべってしまった。私の神経システムはきっと大振幅になっ
ていたに違いない。

　　驚いたことに、州警察官は彼の車にチューニング・フォークを持って來るよう
に告げた。彼がプレート番号を通報した後、まったく予想外のことが起こったので
ある。彼は私に彼のチューニング・フォークを見せたのである。彼は3000サイク
ルのチューニング・フォークを持っていてレーダー銃、ちょうど私のスピード違反を
検知したものである、の較正に使うのだと言う。彼はそれを叩いてレーダーについ
ているダイアルを回し、チューニング・フォークとレーダ銃とが共鳴するところを探
し当てた。彼はレーダー銃を私が見れるように向きを変え、そして各々通り過ぎる
車がどれだけのスピードで通り過ぎているかを見れるようにしてくれた。彼にはレ
ーダー銃は見えていなかったが、私にこう言った:「私自身がチューニングできてい
ると、レーダ銃を見なくても車の速度が分かるのだ」と。

　　私は無響室のこと、さらにいかに私がチューニング・フォークを自分の神経シ
ステムのチューニングに使っているかを話した。そして研究のため私の仕様のチュ
ーニング・フォークを求めていると話した。彼は誰が彼のチューニング・フォークを
造ったのかを調べて知らしてくれると言った。2週間後、彼は電話のメッセージで
音響研究所の名前と電話番号を残してくれた。実にその研究所は今日に至るまで
我々のチューニング・フォークを造るために使っているところである。私がそこに
電話して、そこが最初のチューニング・フォークのセットを造った。私は彼らにフォ
ークを今日の音楽の標準からすると少し低めの基底音でピタゴラス比にチューニ
ングするように造らせた。読者が怪しむかもしれないので申し上げておくが、州

警察官はしっかりと私にスピード違反のチケットを渡した。この日得た重要な教訓は、音のことを研究しているときには「足は地上に、頭は雲の中に」であった。

　　1974年に私が注文した8本のチューニング・フォークは今日われわれが使っているソラー・ハーモニック・スペクトラムのセットと全く同じものであった（ソラー・ハーモニック・スペクトラムの章、61ページを参照）。私の独自の無響室の研究は各々の音程についての系統的な実験によるものであった。これは、チューニング・フォークが意識に与える影響に焦点を当てた実証主義的と呼ばれる研究手法であった。私は私の音の経験をよりよく理解するのを助けるため、特定の手順を踏んで記録を続け、チューニング・フォークの経験を解明しようとした。毎週私は無響室に座り、自身を一つの音程に合致させようとし、私の経験を記録しようとした。またリラックスし、神経システムに耳を傾け、自身を一つの音程にチューニングさせようとした。各々の音程は、それぞれに異なった思考、感情、感覚を伴った自覚の状態への関門になっていると悟った。

　　この本を通じて、あなたが系統的にチューニング・フォークの経験ができるよう記録を提供していく。チューニング・フォークの科学と理論は重要であるが、本当に教えたいのは音の経験にあることを思い出していただくことが重要である。音の実験をすればするほどより多くを学ぶであろう。次の話は経験の大切さを示している。

　　2001年に、私はチューニング・フォークを携え、その効果をテストするためにニューヨーク州立大学の研究室に行った。生理化学者は疑い深く、何日もかけてチューニング・フォークを測定する系統的準備をした。オットー128を叩いて、細胞培養を振動させると数秒も経たない間にコンピュータのグラフは一酸化窒素の放出を示した。数回にわたって実験を繰り返した。チューニング・フォークが一酸化窒素を放出する反応を引き起こすことが明らかになると、私はオットー128を各科学者に回した。彼らは直ちにそれを叩いて体に当てその効果を感じようとした。白衣の3人の科学者がチューニング・フォークを頭に当てているのは驚きの光景であった。そのときから、私はジョン博士と呼ばれていたのが「振動のジョン」という愛称で呼ばれるようになったのである。

　　チューニング・フォークで実験を進めるにつれ、私はますます私自身の神経システムの音を理解するようになった。この理解を基に、他のものも音として視覚的に見るようになった。ある同僚がある患者を非常に高い緊張にあると表現するまでは、このことは異常だと考えていた。私は彼にどうして「高い緊張」という表現を使うのかと聞いた。彼はその人の体の動きが編み込まれた糸のようにぎこちなく、そのことを考えているとその患者から高いピッチの音が出ているように想像してしまうというのである。私は人の体の調子や姿勢に関係した音を聞くのは、我々

が日常的に本能的にしていることなのだと悟ったのである。私たちの言語は「高い緊張」、「低い調子」「調子が合っている」「調子が外れている」そして「〜に共鳴する」など人の音を指している言葉にあふれている。

　私は、無響室での実験で音と神経システム、姿勢や意識との関係を経験したが、それらがどのようにして関連するのかは理解できなかった。今日、３５年の臨床実験、研究、そしてチューニング・フォークを用いた実験を経て、もっと多くを知ることが出来た。この本の目的はこの知識を共有することによって、あなたがチューニング・フォークの音の経験をし、あなたを導くなにがしかの考え、アイデアと透察を得られるだろうということである。チューニング・フォークの音を理解するには多くの方法があるだろうと信じている。私自身の経験からあなたが学び取れるものを得、音があなたの次のレベルの旅へ導いてくれることが私の望むところである。

　もし、無響室の体験を希望するなら、世界中さまざまな地方に何千もの無響室がある。それらはさまざまな研究、電気ノイズの測定から自動車の静かさの測定に至るまでに使われている。小さな部屋から、非常に大きな部屋まで種々の大きさのものが有る。ウェブのサーチで無響室とその利用についてさらに知ることが出来るであろう。その一つを見つけてそこに座る手配をすることだってできるかも知れない。しかし、それには他の方法があるので、その必要はないのである。

神経システムの音を聞く

　自分の神経システムの音を聞くには、邪魔されることがなく、心地よく座れ、目を閉じる静かな場所を見つけることである。外部の音がわずかである必要がある。次に、静かに座り、２〜３回深く息をし、徐々に呼吸が自然に上り下りするのに任せる。リラックスして静かと感じたときに、頭あるいは頭蓋の中に意識を持っていき、高いピッチの音に耳を傾ける。これが神経システムの音である。それはテレビの高いピッチの背景音に似ているがさらに高いだろう。あなたが多くのストレスにさらされていると、神経システムの音は耳で鳴り響くだろう。しかし、大抵の時間にはそれは背景にあるので、リラックスして、心静かにして、それを発見しようと耳を傾けなさい。

　神経システムの音は、あなたの現在の内部のチューニングの主な指標である。チューニング・フォークの音を聞くときのようにその音に耳を傾けなさい。神経システムの音は多くの情報を含んでいる。次の聞き方の示唆に従って、神経システムの音の内部に入り込み、その特性を理解しなさい。以下の聞くにあたってのガイドラインに基づいて記録を取りなさい。

1．神経システムの音は大きいか、小さいか、けたたましいか、揺らめいているか、ドンドンとなっているか、滑らかに流れているか?

2．神経システムの音は色彩を持っているか?それは緑色、黄色、青、赤、か?

3．神経システムの音は温度を持っているか?それは涼しい、熱い、あったかい、あるいは冷たいか?

4．神経システムの音を聞いたとき、何か考えが浮かんだか?神経システムの音は何かを言っているか?

5．神経システムの音を聞いているときに、特別な感情が起こったか?神経システムの音はフィーリングを伝えようとするか?

6．神経システムの音はあなたを旅に連れ出すか?画像、記憶、物語、幻があるか?

7．一つ以上の音が聞こえるか?もしそうなら、音の間の関係はどうか?協和しているかあるいは不協和か?

8．もし2つ以上の音が聞こえるときには、各々の音を分離して聞きそれぞれについて上記のステップ1から7までを調べなさい。そして今度は音の関係についてステップ1から7までを調べなさい。

　自分の神経システムの音について知るようになると、それを聞き取るのが容易になってくる。例えば、寝る前に、旅行中に、会話の後に、あるいは聞きたいと思うときにいつでも神経システムの音を聞くことが出来る。このような聞き方をするときは、自分の神経システム音を変えようとしてはいけない。ごく自然に聞くときの状況に応じて音とその特性を観察することである。

　そうすることで、自分自身を理解し、チューニング・フォークの直接の効果を経験することが出来るのである。自身の神経システムに耳を傾けることを基本と考えなさい。するとさらに他人の評価をしたり、異なるチューニングを試みたり、他の覚醒状態への入り口を開いたりすることへと繋がる。そのうちに、この本に書かれた情報、訓練、手続きがあなた自身をチューニング、再チューニングし、すべてのレベルの覚醒を持って癒しと人生の興奮に満ちた旅との両方の必要に応じることが出来る。

第1部

音、癒しとエネルギー

前奏曲

紙くずや枯葉といった町通りのごみは、一陣の風に拾い揚げられ、渦巻き状に巻き上げられ、ループはねじ曲がり、蛇行したパターンを創っている。それぞれ異なった形をした、捨てられ重要でもなかった、紙が、突如生き生きし、鼓動し、そして空気と目に見えない合併の力が働いて、浮遊し、沈み、滑空し、曲がり、ねじれる中を動いていく。聞きなさい…精神の師はどこにでもいる。

無響の反射

無響室に座っているとき、私は隔離の経験を覚悟していた。１９６９年に、私ヨガの訓練を始め、多くの時間を静かな環境で目を閉じ呪文を繰り返していた。私は静かな静養所に籠り、１日に１０時間から１４時間も孤独の中で瞑想とヨガ姿勢で過ごしていた。精神の脱却に音を使うというアイデアは私の瞑想の訓練の一部となっていた。無響室の経験を通じて私は精神の多くの領域を探索することが出来るようになっていた。各々の音は私がチューニングをしたい自覚状態に連れて行ってくれる出入り口となっていた。精神がラジオやテレビのようなものとすれば、チューニング・フォークは神経システムのチューニングによってチャンネルを変える手段のようなものであった。

　　無響室で長い時間座っていた時のことであったが、頭の中の異なったセンターの中で鼓動している共鳴を認めるようになった。このようなセンターを特定のエネルギー波動をつかさどっている水晶発振機の様なものと考えていた。異なった音によって、私はこれらのセンターを始動させ増幅させることが出来た。私の自覚がこの増幅された波動に合体するのに任せたとき、しばしば異次元の現実に移転しそこでは他の生物や知性と会話できるようになるのであった。

　　ある日、全ての現実と私が追及しているチューニングとは一つの共通のエネルギー源から派生しているということを悟った。その源というのは私の心より大きく、私の心が容易に異なる経験、次元、と現実を通じて渡り歩くことを許している「キイ」だった。その時以降癒しとは、神経システムをその源にチューニングあるいは再チューニングするのに必要な一定した受容と創造性のことと知ったのであった。私はこの源の現代的な見方をその言葉を生み出した分野に基づいた多くの名前によって理解するに至った。例えば、物理学での源は量子真空場の概念(zero point field)であり、システム理論では超システム(Supra System)の概念、そして集合論では空集合の概念である。最も好きな用語はユニバーサル・エネルギー場である。

音とユニバーサル・エネルギー

全てを結びつけるというユニバーサル・エネルギー場の概念は、科学の言語ではユニークであるが、新しいものではない。他の文化はそれをより直感的な方法で発見し、別の名前を付けていた。バイブルではユニバーサル・エネルギー場を「言」とした:

「初めに言があった. 言は神と共にあった. 言は神であった。」

— ヨハネ伝

　ヒンズーではユニバーサル・エネルギー場は聖なる呪文「ＯＭ」と思われた。インドの偉大な精神的な先生たちは「ＯＭ」は偉大な宇宙の振動と大規模にかつ微妙にそしてすべてを包括するように共鳴し、見えるものも見えざるものもそれによって満たされると言っている。神秘的なヘルメス文書『キバリオン』(Kybalion)では「全ては唯一の全ての中にあり、また唯一の全ては全ての中にあるのも真である」と言っている。このことを真に理解するものにとって真実は偉大な知識となる。[1]

　今日ユニバーサル・エネルギー場の真実を解明しようとする探求が現代科学によって再開されている。科学言語は宗教に関係なく、直感的ではないが、ユニバーサル・エネルギー場研究の本質は音による癒しの基盤を支持し続けている。ちょうど100年前にアルバート・アインシュタインがエネルギーは物質であり物質はエネルギーであることを彼の有名な等式 $E = mc^2$ で提唱した。アインシュタインは彼の経歴の残りを彼がユニバーサル・エネルギー場と呼んだ場の存在を証明することに費やした。彼は物質を極度に密な場の空間の領域で構成されているとみなしていた。彼は場が唯一の実在なのだから物理学のどこにも場と物質の両方のための場所はないと信じていた。

　ユニバーサル・エネルギー場の科学的概念をよりよく理解するために、あなたが１４９２年に生きていたと想像して世界は平面だとしよう。ある日あなたは世界が丸いということを知る。しかしそれはまだ平らに見えるし、あなたのすることの全ても世界が平面であるという信念に基づいている。「どうすれば世界が本当に丸いということを知ることが出来るのか?」「それは私にどういう意味があるのか?」というような質問が自然とわき起こってくるだろう。

---

[1]Three Initiates. *The Kybalion.* Chicago: The Yogi Publication Society, 1940, p. 95

　平面であることは還元論者の科学の象徴である。医療科学の研究のほとんど大半は還元論者のモデルに基づいている。還元論者の科学モデルを説明する一番いい方法はそれを丸いことの科学モデルであるシステム科学と対比して見ることである。システム科学は全てあるいは場に基づいた現象の抽象的な組織の学際的な研究である。システム科学の基本的な仮定は、全てあるいは場はその部分の合計より常に大きいというものである。システム科学での最大の場は超システムと呼ばれるユニバーサル・エネルギー場と同等な物である。

　次の象の話は還元論者の科学とシステム科学との違いを示している。

　ある還元論科学者のグループがそれぞれ象の研究に送られた。問題は科学者たちは調べようとしている象について何の概念も持っていないということであった。ある科学者は足の行動を計測し、別の科学者は尾が振られるときの速度を計測し、さらに別の科学者はつま先の爪の化学分析をした、などである。各々の科学者は別々の領域の科学雑誌で出版をした。彼らはそれぞれの専門領域にいるため彼らの研究が関連しているとは想像さえできなかった。

　　科学者は仮説を立て、仮説に基づく理論的枠組みを築き、そしてその仮説について研究をし、測定可能な結果をもって結論にたどりつくのである。単純に言えば、車の中で道順を探しているときに、平らな地図を出していきたいところを探し出す。それを平らに置けば、目的地に至る道路も平らに見える。そして、それに従って平らな道路を走り、目的地を見つけることが出来る。しかし、平らな世界モデルに基づいて、平らな地図を使って目的地に到着できたからと言っても、世界が平らだということを証明したわけではない。

　このことは今だからこそ納得できる。というのは私たちは地球が丸いことを知っているからである。しかし、1492 年には平らな地図が王家に承認された平らな世界の証明だったのである。そしてその信条は何千年も教えられてきたのである。人々にとって丸になったもっと大きな絵に於いての平らさを理解することは困難だったのである。我々はこのことを異常とは考えない、というのも我々は既に5百年もそれについて考えてきたからである。

　今日、超弦理論の物理学者たちがユニバーサル・エネルギー場が数千の顕微鏡的弦から成り立っていることを理論化しようとしている。これらの弦は振動し宇宙を統一し編成しているパターンを作り出しているというのである。我々が固体と認識しているものも実は振動している弦あるいは音の表れだということで

ある。もし振動が停止すると、物体は消え去るだろう。アルバート・アインシュタインは彼の行くところどこにでも彼のバイオリンを携えていて、それを弾いているときに相対性理論を発見した。

　振動する弦で編成されたユニバーサル・エネルギー場の概念は新しいものではない。3千年前にエジプト人は宇宙を盲目のハープ奏者が爪弾く振動弦と表現した。その盲目のハープ奏者は全てを知っていて、宇宙を何百万通りのパターンに振動させる彼の弦を通じて全てを見るとされた。

　サモスのピタゴラスは紀元前550年に生きていたギリシャの数学者、哲学者、そして音楽家であった。彼はピタゴラス幾何学を発見し、世界で初めて数理的物理の事実を記録したと考えられている。ピタゴラスは全宇宙を巨大な楽器と想像し、宇宙の振動弦を「天体の音楽」と呼んだ。彼は宇宙の調和に基づいて音楽の音階を開発し、ピタゴラス音階と呼んだ。

　　　　　　　　　ギリシャの音楽と癒しの神、アポロ、はピタゴラス調和に調弦された彼の竪琴をつま弾き、宇宙にあまねくその響きの波を送った。アポロは「宇宙の海軍」デルファイに住み、彼の音のパターンはイルカたちによって宇宙の四隅にまで運ばれた。

これは白の陶器製カップの内面に描かれたもので、紀元前470年頃のものとされデルファイで発見された。

　　　　　　　　　ルネッサンス期には、数学者で神学者のヨハネス・ケプラーが全宇宙を一弦琴の振動弦として描いた。一弦琴は一本の弦しか持たない楽器である。弦の振動は神の言葉あるいは音の完璧さに似て、人間を含め全てのものがそこから生まれたとされた。

　極性セラピー (Polarity Therapy: 注) 手当て療法の一つ) の創始者ランドルフ・ストーン博士は宇宙を編成している弦の概念を非常に見事に書いている:

　　「生命は歌である。それは自身のハーモニーのリズムを持っている。それは両極性の長調と短調で存在する全てのものが奏でるシンフォ

ニーである。それは不協和を、反対のものでハーモニーへとブレンド
し、全てを合体させる生命の壮大なシンフォニーとなる。この生命の
経験を通じて学ぶこと、シンフォニーと生命の教訓を賞賛し、すべて
をブレンドすること、が我々がここに在ることの目的なのである。」[2]

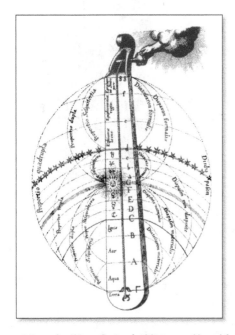

振動するユニバーサル・エネルギー
場は、音楽家スフィ・イニャット・カーンが
「生命は音楽の助けを借りて人の体に
入る、しかし真実は生命そのものが音楽
なのである。」[3]　と語るとき、その洞察を
理解するのを助けてくれる。

音による癒しの目的は、我々の生活
のあらゆる瞬間、そしてあらゆる行動が
ユニバーサル・エネルギー場とハーモニ
ーになることである。人間中心の心理学
の創始者アブラハム・マスロフは、ユニバ
ーサル・エネルギー場との共鳴の経験を
我々が「最高の経験をしているとの認識」
と呼んでいる。[4] より大きな場と一体であ
るとの知覚の主な本質は、一体で結合しているという 知覚で、人が完璧、完成、
非常に巧みな、陽気さ、簡明さ、活動的なこと、そして真実と幸福の心の底からの
感覚として人々が経験するものである。

我々は全て、これらの言葉を知りそして経験している。それらは我々の本質
と内なる幸福とを表したものである。これらの言葉に対応して東洋の神秘主義
者によって与えられた名前は「悟り」である。単語 mystic（神秘）はギリシャ語で
目を閉じ聞く感覚を使うことを意味する myein にその起源を持つ。我々全ては
いつでも悟りにある。それは単に聞くこと、思い出すこと、そして日々の行動をす
るときに大きな場が自己の全体を通り抜けるのを許すことなのである。その結
果は内的、外的な環境の双極の間の統一で、その結果可能な無限の幸福との共
鳴が得られる。

---

2 Dr. Randolph Stone. Polarity Therapy: The Complete Works. Vol I. Polarity Therapy & Its Triune
Function. Reno, NV: CRCS Publications, 1987, p. 5.

3 Sufi Inayat Kahn. Music. p. 79.

4 Dr. Abraham Maslow. Toward a Psychology of Being. New York, NY: Van Nostrand Reinhold
Company, 1968, p. 71.

ユニバーサル・エネルギーの視覚化

暖かい日に海岸で大洋を見ているとしよう。目は潮の波が泡立ち、全方向に移動しているところから、波がうねり砕けているところへ、そして水平線で大洋が空と出会うところへと次第に移っていく。ここでは大洋全体が非常にゆっくりした拍子で緩やかに上り下りしているように見える。この大洋のゆっくりした拍子と一緒になりそれを体内で感じなさい。

　　次に、波のうねりが緩やかな大洋の拍子に繋がり、立ち上がっていくかを見なさい。それが岸に向かって移動するのを追いなさい。他の波と交わった時に立ち上がり下がりしてリズムが変化するのを見なさい。そして最後に速度が上がったように見える。突然立ち上がり砕け、大洋の聞こえる音を発し、リズムの中の数十万回の潮のリズムとして岸に打ち寄せる。

音とエネルギー場の癒し

全てがユニバーサル・エネルギー場によって生成され保持されているエネルギー場の中にエネルギー場がある。ある一つのエネルギー場が、小さくても、大きくても、ユニバーサル・エネルギー場との共鳴を失うと、エネルギーを失い、ついに

> 全ては無から生じ、形は凝縮された無である
> ― アルバート
> 　　アインシュタイン

は存在しなくなる。逆に、ユニバーサル・エネルギー場の共鳴が大きいほど、その場を流れるエネルギーのレベルは高くなる。

　　エネルギー場の大きさにかかわらず、それはやはりユニバーサル・エネルギー場からのエネルギーによって生成されている。そのため、あるエネルギー場の性質は、より大きい場との共鳴によってエネルギーを引き込み、その大きい方の場もまたさらに大きい場と共鳴し、最終的にはユニバーサル・エネルギー場と共鳴している。太陽に向かって伸びる植物のように、ユニバーサル・エネルギー場と共鳴するためにはどんなことでもするのである。言い換えれば、それらがいかに機能的に、あるいは機能できていないように見えても関係なく、ユニバーサル・エネルギー場との共鳴を得ようとするのである。

　　音の癒しの基本原理は、物理的、感情的、心理的現象は潜在的なエネルギー場によって起こっているということである。従って、もしエネルギー場を変えると、物理的、感情的、心理的な行動パターンもまた変わる。

　エネルギー場の癒しの力を理解する一つの方法は、異なる環境の効果を見ることである。郊外の環境と呼ばれるエネルギー場に住んでいるとしよう。毎日鼻水や涙に悩まされ、多くの種類の薬を取って日を過ごす。ある日、休みを取って砂漠に行く。砂漠生活の１週間後には、肺がすっきりして薬を取らなくても鼻から呼吸することが出来る。２週間後には、考え方まで変わり、状況への感情的な反応まで変わってしまう。

　ある環境にいて他の環境に住んでいる人を見ると、奇妙だと考えることがある。しかし、その人たちの環境にしばらく住んでみると、自分が変わり、その場で作られる生活スタイルに共鳴するようになる。例えば、寒い気候の人々は分厚い冬のコートを着る。良い冬のコートを理解し買うことが非常に重要で、さまざまな冬コートについて長い時間をかけて話す。カリブ海に向かう飛行機に乗って、飛行機から降りた途端に、冬コートもいらなくなる。もし長い間カリブ海に住むことになれば、冬コートは捨てられ、会話は水着のことに変わるだろう。

　私は多重人格不全の患者について研究しているときに、エネルギー場のダイナミックスについて考え始めた。１１もの記録された人格を持っているある女性を看た。数年かけて各人格と人格が入れ替わるときの基本状態を学んだ。ある人格では私の診療室に風邪を引いてきたが、別の人格に転移した時には風邪は消え去っていた。同様に癌を患う患者が転移で鎮静化するのを看た。ある日癌を持っていたが、翌日それがなくなっていたのである。エネルギーの観点からすると、鎮静化は場の転移で直ちに起こり得る。新しい場が現れると、癌細胞を破壊する内在の生化学的連鎖が新しい場の部分として自然に起こるのである。

　科学的には、エネルギー場は、エネルギーがトーンあるいは振動として表現されている空間の２つ以上の点をつなぐ媒体と定義される。エネルギー場のダイナミックスを理解するのは大変である。これはエネルギー場がふつう目に見えないからで、それを生み出しているトーンよりその効果に気を取られるからである。スイス、バーゼルのハンス・ジェニーはサイマティクスを開発してエネルギー場とそのダイナミックスを直感的に理解できるようにした。

　ジェニー博士は金属板の上に砂、液体、粉などの物質を置いて彼のサイマティック実験を行った。その板は振動を発生する機器の発振器に取り付けられる。発振器は周波数生成器で制御されていて、発振器が種々の周波数で板の上の物質を振動させる。

　よく見る電子マッサージ・バイブレータを想像してみなさい、あるいはどこでも百貨店に行ってマッサージ器を見せてもらいなさい。電源を入れると振動、

発振する。次にマッサージ器を骨の上に載せる。振動が体中に増幅されるのを感じなさい。マッサージ器を骨に触れさせるのは、ジェニー博士が発振器を金属板に取り付けるのに似ている。板は、骨と同様、発振器で起こされた振動を増幅する。

　　単純なマッサージ器では一つの振動だけを発生する。それはハムとして聞くことが出来る。耳で聞くハムとマッサージ器から感じる振動は同じ周波数である。一つの振動、音しか出せないマッサージ器に対して、ジェニー博士の発振機に繋がった周波数発生器は何千もの異なった振動や音を出せた。

　　ジェニー博士が周波数発生器のダイヤルを回すと、板に伝わる振動を瞬時に変えることが出来た。彼は実時間で異なった物質の異なった振動の効果を観察できた。ジェニー博士は金属板の上の砂やその他の物質が異なったパターンに変わるのを観察して、同時に発振器の発する音を聞くことが出来た。軽く板に触れると指でその振動を感じることが出来た。

　　次のページのジェニー博士が撮った高速度写真は砂と水が異なった周波数で振動しているところである。ジェニー博士と同じ部屋にいたとすれば、板の上の幾何学的パターンを見、同時に音を聞くことが出来たはずである。手を板に置けば、それが振動しているのを感じることが出来ただろう。写真を見るとき、固定して見える幾何学的パターンは実際には異なったトーンによって生成されたことを思い出しなさい。砂も水も実際には板の上で振動しているのである。

　　ジェニー博士は彼の研究所で３つの基本原則を板の上の振動で観察した。このように書いている：「これらの現象の多様な様相は振動によるものなので、一方でパターン化され、図形を構成し、他方で運動-動的な過程を現わすスペクトラムに直面するが、これらは全てその本質的周期性に支えられている。」[5]

　　ジェニー博士は音を波として聞くことが出来るといっている；彼はこのことを運動-動的過程の極と呼んでいる。人は音が板の上に作り出す幾何学的パターンを見ることが出来、彼はこれを「パターン化図形構成」の極と呼んでいる。ジェニー博士が板に触れて板の振動を感じることが出来れば、彼はこれを「本質的周期性」の生成極と呼ぶだろう。

　　これら３つの極—波、脈動、形—は影響し合って全体の場を生成する。波と脈動の無い形も、形と脈動の無い波もあり得ないのである。例えば、幾何学的パ

---

[5] Jenny, Hans. *Cymatics*. Basel, Switzerland: Basilius Presse, 1974, p. 1.

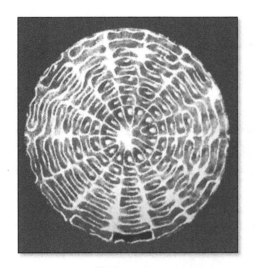

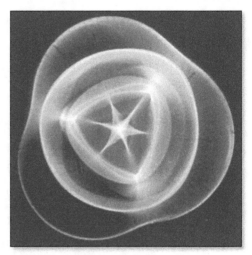

ジェフ・フォーク氏のマク
ロメディアの好意による

ターンを手で変えようとしても、砂は全く同じパターンに戻るだろう。言い換えると、幾何学的パターンは、堅いものに見えても、潜んだトーンあるいは振動によって生成され支えられた全体の場の一部なのである。サイマティクスの実験で最も興味深い動力学の一つは振動する板の上でノードと呼ばれる動かない領域である。直感的に言えば、板全体が振動しているのであるから板上の全ての領域が振動している。しかし、そうではないのである。ノードは科学的な用語で「励起している波のシステムで振動の振幅がゼロである点」を意味する。

　もしサイマティクスの実験を間近に観察すると、砂は常に板の振動場の中で動きがゼロの場所に移動していくのを見ることが出来る。それはあたかも砂が一時休むために寄りそしてまた振動する場に戻っていくように見える。砂がノードから遠くに行くほど幾何学的パターンの線と一致しない。システム科学では、ノードはアトラクター（惹きつけるもの）と呼ばれている。アトラクターは振動する場の中で全てのものを引き寄せる領域である。あるエネルギー場から別のものに転移させるのはアトラクターである。

　癒しの技術で、アトラクターは静止点と呼ばれている。ある心理的/物理的パターンから他に移転する鍵は静止点である。ミルトン・エリクソン医学博士は治癒のため催眠と状態転移を用いるエキスパートである。彼は転移の状態のことを「中立」と呼ぶ。これも静止点の別の用語である。彼は人が変化するにはまず転移に入らなくてはいけないと信じている。施療師はそれから示唆を用いて新しい生活パターンに導く。

　一度システムが静止点に入ると、パターンの変化が新しいトーンの周りで再構成を起こす。催眠術では、施療師が言葉による示唆によって新しいパターンを与える。チューニング・フォークの方法では新しいパターンはチューニング・フォークの可聴音を通じて導入される。催眠術では、施療師は異なった言葉による方法で静止点に誘導する。チューニング・フォークの方法では、チューニング・フォークが自然に静止点へと導入する。

　静止点に導入され新しいトーンが提示されると、古いパターンから新しいパターンへの変化は常に混乱を引き起こす。エネルギー場が新しいエネルギー場に変化するには、元のエネルギー場は秩序を破壊し分解されなければならない。新しいトーンが導入されると、幾何学的パターンは視覚的には破壊されて混乱するがやがて新しい幾何学的パターンに転換される。

　秩序の破壊と分解に対する科学用語はカオス（混沌）である。カオスには２つの定義がある。最初の定義ではカオスは「究極的な混乱あるいは無秩序」で、

まったく組織や秩序の無いことを意味する。[6] この定義は我々の生活におけるカオスの経験を記述したものである。全てがうまくいっているように見えたのに全く突然にカーブに投げ出され生活が軌道から外れてしまう。このような日々はよく「性分に反する」、「うんざりさせる」、「朝からついていない」、「困惑した」、「クレイジー」あるいは「寝起きから狂っている」などと表現される。

　　カオスの第2の定義では次のように定義される「無限の空間あるいは形を成さない物質で秩序ある宇宙の存在の前段階と考えられるもの」。[7] この見方からすると、カオスは成長と進化の自然な部分である。それは、エネルギー場の連続体の必要な一部で、分解しそしてユニバーサル・エネルギー場に先駆けて新しいエネルギー場に形を変えていく場である。学習、成長、癒し、そして高い覚醒状態はカオスがなくては有り得ない。

　　ノーベル賞受賞の化学者、イリヤ・プリゴジン博士は、熱力学システムを調べていてエネルギー場の転移にカオスが重要であることを発見した。彼はすべての生きているシステムは時と共にますますエネルギーを消散させ、システム内に不協和を引き起こすことを発見した。時間の経過とともに、これらの不協和は振幅が増大し、システムを均衡から引き離していく。間もなく全てが震えだす。震えは増大しシステムに予めあった全ての秩序は閉じ、システムをカオスに飛びこませる。

　　真に変化するときには、全てが変化する。生活においてカオスを経験するとき、それは何かが変化しようとしていることを意味する。カオスに逆らおうとすればするほど、ギアをニュートラルにせず、上に切り替えていくように見える。事実、生活が望む方向に変わっていかないとき、我々はそれを「ひき臼」と呼ぶ。理想的には、生活の変化が車のギアを変えるぐらい簡単であればいいのであるが。新しいトーン/パターンが生活に入り込んできたとき、我々は自然とニュートラルに行こうとし新しいトーン/パターンが浮かび上がってくるのを許そうとする。車を運転していてファースト・ギアが終わるとき、チェンジが必要と感じ、クラッチを踏みそして新しいギアにシフトする。それは簡単なことであり得る、そうでなければ臼で挽かれてしまう可能性もある。

　　チューニング・フォークは生活を変化できるようにする楽な方法である。そのトーンは静止点の周りを渦巻く原型的なアイデアである。その音を聞くとき、

---

[6] Webster's *New College Dictionary*. New York: Houghton Mifflin Company, 1986, p. 187.
[7] Ibid., p. 187.

静止点に引き込まれ、そして神経システムは自然と新しいトーンへ転移していく。新しいトーンへ転移するカオスは時として不快な感情、圧力、如何に立居ふるまうかについての変化の必要性として現れる。そしてそれが消え去る。多くの場合、覚醒が新しいトーンに集中するためカオスに気づくこともなく転移する。

音と5元素

ユニバーサル・エネルギー場は、異なったトーンを造るため弦を分割するように、5つのエネルギー場あるいは要素すなわち、エーテル、空気、火、水、地に分割される。宇宙的な尺度では、それぞれの要素は宇宙の原理あるいは原型を象徴している。5つの要素は音楽のトーンのように、異なる方法で結合し混ざりあって、我々の思考、感情、と物理的な体を含む我々が知り経験する全てを維持しているエネルギーの流れを造り出す。古代インドの預言者は5元素のことをシャーダ(Shabda)あるいは聖なる音の流れと呼んだ。極性療法の創始者、ランドルフ・ストーン博士は、星型パターンの点を「要素のトーン」として視覚化した。それらがさまざまな強度で響いて生活の音楽を創造するとした。彼は星形5角形を「自然の幾何学的鍵盤」と呼んだ。[8]

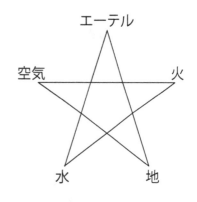

原型的な要素の存在は多くの文明において、宗教的、哲学的、そして伝統の施療において認められていた。いずれもが、主たるエネルギーが分かれ一段下がって要素エネルギーの流れになると語っている。ヴァンサント・ラド博士は分割の過程をアユルベーダ医療の観点から次のように書いている：

> 聖仙たちは初めに世界は明瞭でない意識の状態で存在したと認めていた。一つになった意識の状態から、かすかな宇宙の音の無い音「アウム」が出現した。その振動から最初にエーテル元

---

[8] Dr. Randolph Stone. *Polarity Therapy: The Complete Works. Vol I. The Wireless Anatomy of Man.* Reno, NV: CRCS Publications, 1987, p. 17.

素が出現した。このエーテル元素は動き始め：そのかすかな動きによってエーテルの動きである空気を造った。エーテルの動きは摩擦を起こし、その摩擦から熱が発生した。熱エネルギーの粒子は結合して強い光となり、この光から火の原子が現れた。

　　このようにして、エーテルは空気として現れ、同様にエーテルはさらに火としても現れた。火の熱によって、あるエーテルの原子は溶解し液化して水の原子が現れた。そして、さらに凝固して地の分子を形成した。このようにして、エーテルは空気、火、水、と地の４つの原子となって現れた。[9]

　　これらの元素は西洋の伝統においても知られている。ギリシャ哲学は元素の信条に基づいていた。人の４つの特性：徳（火）、美学と魂（水）、知性（空気）、そして肉体（地）が元素の表現とみられていた。西洋医学の父と言われるヒポクラテスは４つの気分あるいはユーモアを彼の治療の元としていた。彼はそれらを粘液質（地）、短気（水）、楽天（火）、憂鬱（空気）と名付けていた。元素は中世とルネッサンスに「天体の音楽」に関心を持った３人の秀でた学者によって再発見された。その人たちはイエズス会の父、アタナシウス・キルヒャー、イギリスのバラ十字会員ロバート・フラッド、そして天文学者ヨハネス・ケプラーで

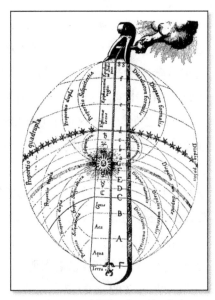

ロバート・フラッドの世界一弦琴、彼の『メタフィジカ』(Metaphysica, physica arque technical… Historia)1519より

あった。ロバート・フラッドの世界一弦琴はこれら元素と音と創造との関係を図示している。

　　フリッツ・ステージは『音楽、魔術、謎』の中で世界一弦琴を説明している。

　　　ピタゴラス派によってその間隔が決められた一本弦の測定具で地（Terra）に固定されている。後者は中世の音階の基底音であるガンマ (gamma Graecum) に対応している。その上に２度の

---

[9] Dr. Vasant Lad. *Ayruveda: The Science of Self-Healing*. Santa Fe: Lotus Press, 1984, p. 21.

間隔でその他の元素水、空気、火 (Aqua, Aer, Ignis) が置かれ、こうして事実全ての物質世界が置かれている。[10]

次の図は元素との関係で我々自身を示したものである。

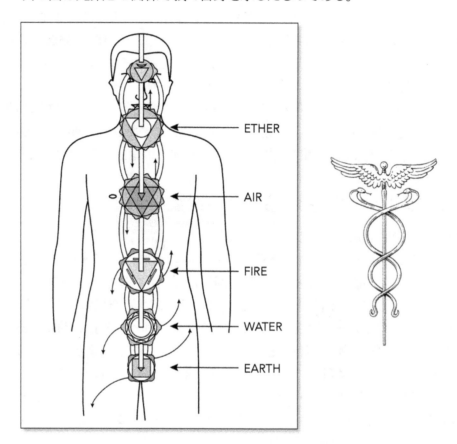

図の中央には３つの主なエネルギーの流れがある。これらは超音波の核を真ん中に置き、２つの絡み合った線が着いている。これらが一体となって使者の杖のシンボルを構成している。使者の杖あるいはヘルメスの杖はエジプトとギリシャの古代の医者の記章であった。

極治療の創始者ストーン博士は使者の杖シンボルの意味をこう説明している：

２匹の蛇は２重観点における精神原理を現している。太陽の火の息は体の右側の生命エネルギーとしてのプラスの極である。

---

[10] Peter Michael Hamel. *Through Music to the Self.* Wiltshire, England: Compton Press, 1976, p. 94.

中国人に陽(Yang)、ヒンドゥー人には"Piggala"と呼ばれた。体の
左側には月の冷却エネルギー、自然のエキス、が流れている。こ
れは中国人に陰(Yin)、インドでは"ida"の流れと呼ばれた。[11]

　使者の杖は医者のシンボルとして残っているが、その真のエネルギーの意
味は今日の医療に従事している人々には認識されていない。使者の杖の流れは
要素中心あるいはチャクラ(Chakra)を造るため分割されるエネルギーの波とし
て視覚化されているとも言える。チャクラ はサンスクリット語で「エネルギーの
旋回する車輪」を意味する。チャクラは前のページの図で蓮の花で象徴されてい
て、花弁の数が減っていくのは振動が減少するのを描いたものである。古代の絵
においては、チャクラは象徴的な装飾なしで回転する車輪として描かれている。

5元素のバランスを取る

ある人の中で元素のバランスを取るための公式はない。元素のバランスを
取ることは、自己と、外部環境、と宇宙の間の、動きそして永遠に変化する
相互作用なのである。我々には適切な時間に各元素と共に参加するくらいの能
力しかない。元素の柔軟性が失われたときに病気になる。空に舞い上がるハン
グ・グライダーのイメージは我々と5元素との関係を理解する良い暗喩である。
ハング・グライダーの操縦者はいとも簡単に舞い上がっているように見えるかも
しれないが、しかし、よく観察すると、変化する風の流れに応じて何千もの調整
をしているのである。ハング・グライダーの操縦士は風の流れに注意を払う、な
ぜなら調整をしなければ墜落することを知っているからである。流れが変わった
時、ハング・グライダーの操縦士は警戒態勢に入り直ちに正しい修正を行う。我
々は楽に舞い上がっているように見るが、しかし、操縦士にとっては「楽に」は楽
に滑空するための多くの知識、打ち込んだ訓練、練習、準備、そして正しい心構
えを必要としているのである。

　理想的な元素バランスは5元素に対して常に修正を加えて得られる。元素
スケールを使えば5元素の組み合わせと修正の間の関係をよりよく理解するの
に助けとなるだろう。各元素は1から10の最小最大の範囲を与えられていて、
レベル1が最小の強度、レベル10が最大の強度の表現である。我々の通常
の現実での行動は出来事を発生する基本的流れに合っているはずである。例え
ば、銀行に行くには【8地、4水、3火、1空気】の基本パターンが必要だろう。銀

[11]Dr. Randolph Stone, *Polarity Therapy: The Complete Works. Vol I. Energy.* Reno, NV: CRCS
Publications, 1987, p. 17.

行員に意見をするなら、【6地、3水、7火、2空気】に変える必要がある。銀行員に感謝するならさらに、【3地、5水、4火、2空気】へ変える必要があり、家に帰るドライブでは【2地、1水、9火、7空気】が必要である。

　ときには、我々の行動は5元素の流れに沿っていないことがある。サムライの映画があり、主役は戦士で彼の手下に【+10火】で行けと命令する。彼の声は大きく、スタカートである。戦場で激しい戦闘命令を怒鳴り成功する。手下からとても尊敬されている。次に、場面は戦場から彼の竹製の家に移り、藁のマットに芸者の妻と横たわっている。彼らはふざけてお互いの目を見つめあっている。水が+8からさらに上がっている。突然彼は彼女に向かって不適切な【+10火】の戦場の声であたかもまだ手下に命令しているように話かける。彼女は頭をうなだれ同時に全ての水が過度の火で蒸発し花も萎れてしまう。

　5元素は西洋と東洋の両方の癒しの伝統を集結したもので、変化する生活状況への適応の必要性は多分に現代科学の部分である。ノーベル賞受賞者ハンス・セリエ博士はストレスを変化への適応と定義した。生活の変化への適応に失敗した時、生活に増大したレベルの苦痛を生む。変化に適応したものは同様のストレスを幸福にあふれたストレスあるいは科学者がUストレスと呼ぶものを経験するだろう。

　空に舞い上がっているハング・グライダーを想像しよう。風は突然に変化し、飛行士が調整に失敗する。ストレスの生化学と呼ばれる警報が直ちに彼の体に放たれる。彼は警報を無視することもできる；しかし、警報への反応はエスカレートし続ける。それはアラーム時計をセットしたのに、朝になってそれを聞くまいとするようなものである。サムライ戦士は戦場では多くの人にとって苦痛である物がUストレスの状態にある、しかし寝室では苦痛に陥る。これは滑稽に見える、しかし、サムライは、5元素の観点からすると、水元素の適応技術を学ぶべき人の例である。

　現代の科学的ストレス理論と5元素理論は非常に似通っている。どちらも変化への適応の重要性を強調している。そして、両方とも適応を助ける治療法を持っている。多くの例で、これらのアプローチは一つで同じである。違いは理論にだけある。ストレス理論は還元論者の科学と生活の変化に基づいている。例えば、施療師は最近家族を亡くしたか、仕事を変えたか、家を買ったか、休暇に出かけたかなどと聞く。そしてそれぞれの生活変化に適応するのに必要なエネルギーの量を割り付ける。総計が高いほど、ストレスのレベルは大きくなる。

　5元素理論はよりシステム科学のアプローチに寄り添っている。また生活の出来事のダイナミックスを作り出すエネルギー場に焦点を当てている。システム論と還元論のどちらも生活上の出来事と関連する行動を観察し評価する能力が

必要である。しかし、5元素のアプローチではさらに生活の出来事と行動を元素パターンに翻訳するというステップが余分に必要である。一旦元素パターンが理解されると、異なったエネルギーパターンへ適応するための方法、また将来の変化に備えた資源を選択する基本となる。

　学習のため、各元素はそれ自体で調べられる；しかし、それらは異なった組み合わせで生活に現れる。診察を構成するために元素を評価し組み合わせる手法については、ピタゴラス・チューニング・フォークと5元素の章で提示される。次の元素の手順は訓練のため各元素の性質を引き出すよう設計されている。各元素と関連つけたチューニング・フォークの音を作り聞くときの助けになるだろう。元素について読み、手順を練習することはもっと複雑な元素診療を構成する良い準備になる。手順に入る前に元素の色を視覚化し、トーンを感じることを勧める。手順は膝で叩くかオーバートーンで叩くかで行える。

エーテル元素

エーテル チューニング・フォーク 手順	C-C512 C-G C-C512
キィ・ワード	視覚、空間
色	青
感情	(−) 悲しみ、喪失、後悔、苦悩 (+) 恍惚、至福、喜び、幸福
組織　特性	(−) 弛緩、足を引きずる、だるい、ルーズ (+) 拡張、リラックス、柔軟かつ堅固、弾力的
特徴	(−) 喪失、戸惑い、方向性なくさまよう (+) 先を見る、幸福の感じ、バランス、事の起こる空間、全て良い、祝賀、高みへのメッセージ
動き	オープン

議論

エーテルは空間である。生活におけるエーテルの
多くの異なった特徴は多くの異なった空間で説明
されている。各空間は各々の大きさを持ち、異な
った活動が行われている。エーテル空間での活
動は4つの元素、空気、火、水、そして地で異なっ
た組み合わせに混合されている。ときにこれらの
活動を「ミキサーズ」と呼ぶことさえある。多くの異
なったタイプの混合のための空間を創造すること
が出来る。例えば、幸福、悲しみ、怒り、悲しみ、喜び、平和のための内的、感情的
空間を創造できる。思考のための心理空間を創造できる。時々、「このことを考え
るためのなにがしかの空間が必要である」あるいは「いくらかの空間を私に下さ
い」と言うだろう。

　生活における異なった時間に異なった空間を探し求める。ときに、戸外の
空間、室内の空間、開かれた空間、閉じた空間、大きな空間、小さな空間が必
要と感じる。暖かい空間、冷たい空間、明るい空間、暗い空間、あるいは異なっ
た色彩の空間を探すかも知れない。ときに静かな幸福な空間が必要かも知れ
ない、あるいは騒がしく、活動的で混沌とした空間に惹かれるかも知れない。

　ニューヨークの人々はいつも生活空間について話す。私が1973年にイン
ディアナから初めてニューヨークに着いたとき、住むための空間を探した。小さ
なニューヨークのアパートメントを調べたが窒息しそうに感じた。そのビルデ
ィングから出たとき、深呼吸を始めた。不動産屋は私の様な田舎からの人には
もっと大きな空間が必要と言った。やっと一つ見つけた。きれいで大きいもの
であった。その当時、驚いたことに、誰も大きな部屋に住もうとする人はいなか
った。そのような開いた空間で自由に息が出来、リラックスできるのを知った。

　私が何人かの病院の従業員を私のロフトでのパーティに招待した時、私
の部屋にいることについて多くの異なった反応を示した。ある看護婦は私に「
この部屋は大きすぎるわ、怖いぐらい、あなたここで迷うことはないの?」と言
った。ある精神科医は「こんな部屋に来たことは無かったよ、私の患者ならここ
で幻覚に陥るだろうよ」と言った。テキサスで育った音楽療法の同僚は大きな
部屋が必要なことを理解した。彼は大声で「そうだ、ここはいいぞ!」と言った。

　空間は生活の至る所にある。空間の中に空間がある。我々は家という空間の中の部屋という空間にいる。家は 土地の空間にあり、土地は町の空間に有る。町は郡の空間に郡は州の空間に、州は国の空間に有る。国は世界の空間に、それは太陽系の空間に、それは宇宙の空間にと続いていく。

　我々は常に空間を変え移る。ときに正しい場所を求め続けるように見える。部屋にいるのが退屈になると、家の他の部屋に行く。外の空間を変えると中の空間も変えている。他の部屋に入ると、思考、感情、そして体も変わる。作家は常に書くのに最適な空間を求めている。画家は正しい光のある空間が必要である。カウボーイは広く開かれた空間のことを歌う。

　空間を変えることは一つの自身をチューニングする形である。これは多分エーテル原子が音と関係している理由である。私がネバダのウッドストックのスタジオで録音をしているとき防音室にいる。マイクはチューニング・フォークのかすかなオーバートーンも録音するため完全に上に向いていた。録音を聴いてみると、チューニング・フォークからでない音が聞こえてきた。技師に背景にあるハム音は何かと聞くと、彼は録音室の空間の音だと言った。そして別の録音室は別の音を持っていると教えてくれた。

　体の中の空間はエーテル原子によって支配されている。体の結合部の間にある空間が極端に締め付けられあるいはたるんでいたりすると、協和音の場に不協和音が発生する。これは思考、感情、と物理的な体に変化を起こす。例えば、第1指の関節の間や頭蓋の関節の空間に障害があると、全身のエネルギーが影響を受ける。

　エーテルを理解し、研究すると、生活の中での空間の重要性に気付く。例えば、疲れ切ってカリブへ休暇にいく。オフィスの狭い空間を出て浜の広く開かれた空間に行くこともできる。エーテルを研究すると、空間を変える行動をとって他の4元素の波のパターンの協和への転移を生むことが出来る。

空気元素

空気 チューニング・フォーク 手順	C-G C-C512 C-F C-G
キィ・ワード	思考と知能
色	緑
感情	(-) 交渉、渇望 (+) 深い同情
組織　特性	(-) 速い不規則な動き (+) 陽気、方向を変えて速い動き、軽い、浮いている
特徴	(-) 困惑、散漫、決心をつけられない、言動の不一致、堂々巡りの話、性急、断定的 (+) 明瞭な思考、目的の設定、優れた問題解決、話しやすい、自由に自己を与える、豊富なアイデア、高揚した軽い状態
動き	軽い、速い、素早い、突進

議論

空気は至る所にある。我々がこの世に生れ出たとき、最初にすることは空気を呼吸することである。どこに行っても、空気は必要である。飛行機で飛んでいる間も空気を呼吸している。水面下で泳ぐときスキューバ・タンクからの空気を呼吸する。寝ている間も呼吸している。どこにいても、生命を保持するために呼吸が必要である。空気には多くの特性がある。新鮮なまたはむっとした空気があり、冷

たいあるいは熱い空気があり、湿ったあるいは乾いた空気、大洋の、山岳の、都市の空気がある。空気は発展的で、陽気で、速い。その流れはそよ風、風、気流、旋風、強風、台風、突風、隙間風などと呼ばれる。

　　誰かが現実感なくさまよっていると、人は"airy"(軽薄)だと言う。考えがいつも筋違いの人は"air-head"(うかつ)ものと呼ばれる。

　　空気は知性と思考のプロセスに関係する。空気元素は自由に動きまわりたがり、緩慢になると不愉快で身動きが取れないと感じる。風船の中の空気は安

定に見えるが、高い圧力の許にある。風船が割れると空気は破裂し逃げる。空気元素特性を多く持つ人は、物静かにみえるが内面では多くの思考をし自身に大きな圧力をかけているかも知れない。ある人が何百ものアイデアを持ちながらそれで行動しないように見えるとき、その人をairy(軽薄)、air-head(散漫)あるいは雲の中にいると言う。誰かのいうことが気に入らないとき、「ああ、それはhot air(でまかせ)にすぎないよ」と言うことがある。

　　空気の移動パターンは素早いがいろいろな方向にジグザグな動きである。このような動きをする子供に落ち着かない(ants in their pants)と言う。大人が空気元素を経験すると、決心をするのが難しくなるかも知れない。そういう人はせかせかと歩き回り、そわそわし、部屋から部屋に動きまわる。もし一群の人々が空気を多く持つと、彼らを落ち着かないと言う。空気が鎮まり方向性を得ると、「集中し用心深い」と言う。

　　空気的な声のパターンを示す人と話すと、口早にしゃべり、不規則に、ある話題から別の話題へと話題を変える。例えば、ある人は口早にしゃべる「みんなで映画に行くのが良い、しかし家にいるべきかも知れない、あるいは、散歩に行くのが良いかも知れない。あるいは、歩いて映画に行って、家に帰ることが出来る。あるいは歩く代わりに、何か食べてから映画に行こう。あるいは家で食事をしてテレビで映画を見てもいい。」そして、話すときに体が速いテンポで動き、ますます興奮する。

空気元素の宣伝情報

空気宣伝情報はあなたは何でもできると教える。それを名付け；それを実行できる。旅行のコマーシャルでは何でもできると知らせる：それでハワイに旅行できるし、ユタに立ち寄ってスキーもできる。ハワイでは火山を見物し、浜に行き、ゴルフをして立派なレストランで食事もできる、そして夜は3か所のショウを楽しめる。さらに、ハイキングもでき、ヘリコプターに乗ることもでき、セーリング、シュノーケル、サーフィングが出来る。最後に、アナウンサーはチケットを説明し、その制限事項をどの人間が話せるよりも速く説明するだろう。制限(地)はさほど重要ではない、というのはもうあなたはそれを空気元素の幻想の中でしてしまったからである。

火元素

火 チューニング・フォ ーク 手順	C - G C - E C - A
キィ・ワード	動き/動機
色	黄色
感情	(−) 怒り、激怒 (+) 寛容/動機
組織　特性	(−) 震え、過度の興奮、衝突、摩擦の感情 (+) 活気、友好的、成長の感
特徴	(−) 手が付けられない、攻撃、常に突破あるいは我を通したがる、 　　押しが強い、横柄、ドラマが多い (+) 行動をとる、即実行、温かみ、自己と理想について語る、 　　方向性を持って動く、許し、興奮しドラマとなる

議論

火は動機である。火は急に燃えあがりそれを考えなしにそうする。ナイキのコマーシャルにある「するだけだ」というのが火のエネルギーの本質をとらえている。火にもいろいろ多くの種類と特性がある。穏やかに燃える残り火もあり、暖炉に燃え盛る火もある。問いはいつも「必要なのはどんな種類と特性の火か」ということである。答えは想像力と異なった火の経験に有る。多分、よく眠るためには穏やかに燃える残り火が必要である。訓練のためには、強く明るく飛び跳ねる火が必要かも知れない。自身を動機付けて描き、書くためには創造性に着火させるため火花を散らす火が必要だろう。

　ある人のことを本当に怒った時には、「あいつがカンカンに怒らせるのだ(burns me up)」と言うし、何かを真剣に欲した時「そのことに必死だ(fired up)」と言う。何かをしたくないときには「あまり乗り気でないわ(My fire is low)」と言う。職場に変革が必要で誰かをやめさせるときには「首だ(fire them)」となる。戦時の攻撃には「闘志を燃やしている(fired upon)」、そして兵は「火力(fire power)」を持つ。

　全ての火を使い切った時は「燃えつくす(burn out)」。体温はからだで定常的な火であるのが理想である。熱病は燃え盛る火のようであるし、通常より低い体温は火が足りない。我々を奮起させことを成し遂げさせた人に出会うと「火の様な人だ」と言う。あるいは、ある人がことをやりすぎて止めかたも知らないと「彼には火が多すぎる」と言う。

　ニューヨーク北部で極性のクラスで火の日であった。クラスはスタジオであり、火の講座で火の音を造っていた。教室から７５ヤードほど離れた戸外で、その夜のために大きなかがり火を組み立てた。私は調子に乗って頭を超すほど薪を積みあげた。そして火のことを考えた。よく知っていたし疑問にさえ思わなかった。

　私はガレージに行って芝刈り機のガソリン缶を手に入れそして薪にガソリンを掛けた。火をつけるためほんの少しかけたと思った。適当に少し後ろに下がってマッチを大きな薪の山に投げ込んだ。次に大きな「ボーン」という音がするのを知っていた。私は３フィートも後ずさりした。スタジオの窓が衝撃で揺れた。火の講義の途中だった生徒たちは飛びあがった。彼らが窓の外を見ると巨大なかがり火を見た。皆火元素に引き込まれた、そうあるべきようになったようであった。私はグランドから離れて考えた「これで長年火について研究した後でさらによくわかったはずだ」と。あなたはこのようなことを自分でしようとするべきではない。

火元素の宣伝情報

中胚葉型（火）体型のフィットネス・トレーナは訓練プログラムと機器を燃え盛る火のエネルギーで売る。彼らは我々を興奮した言葉で「いけ！いけ！いけ！」と鼓舞し、動機付けようとする。ゆっくりした地の人、動きの取れない水の人に生活に火を加えるよう教える。彼らに耳を貸してそうするとバーベルを挙げ、走り、山を登り、超食品を食べることが出来る。これらすべてを「今、すぐ」にできるだろう。

水元素

水 チューニング・フォ ーク 順	C-G C-D C-B
キィ・ワード	同志愛、創造性
色	だいだい
感情	(-) 嫉妬、独占欲、羨望、愛着 (+) 養育、誠実、優し
組織 特性	(-) 腫れ、むくみ、吸収性、涙もろい、冷ややか (+) 流動性、流れ、液体、動
特徴	(-) 物/人に執着、嫉妬、独占欲、冷たく変わる、無視、秘密 (+) 創造的、人/物を迎え入れ、行かせる、気楽に、 　　容易に交流、忠

議論

水は多くの異なった方法で流れる。水は緩やか
な曲がりくねった小川であることも、激しい洪水
であることもある。水は勢いよく流れ出、噴出し、
急上昇することがある。我々は水を注いだり、こ
ぼしたりできる。水は波となり、噴出となり、波紋、
渦巻き、流れ、逆流、砕け散る波、うねり、渦巻き、
そして水たまりを造る

　　何千もの水の特性がある：熱湯、水、熱い
湯、暖かい水、ぬるま湯、冷たい水、凍りそうな水、そして発泡水。塊となった水、
池、小川、河、入江、大洋、湾、海、入江、そして貯水池。

　　水は楽しみである。水で泳ぎ、水から飲み物を作り、暑い日には冷たい霧を
楽しみ、そしてあらゆる種類の水のスポーツをプレイする。凍った水の上でアイ
ス・スケートやスキーをし、スチーム・バスで熱湯の蒸気を吸い込む。水はまた危
険でもある。水はお溺れさせることがある。救命員は鼻と口を覆う充分な水さえ
あれば、人は溺れることを知っている。水はまた、我々を流し去ることができ、大
洋の水の上り下りは船酔いを起こす。

　　水は生活に欠かせない。ポンス・デ・レオンは何年もかけて若さの泉を探し
求めた、今日に至るまで、世界中の人々が癒しの温泉を探している。水なくして

は、我々は干上がってしまう。誰かがアイデアが枯渇したり、活動が続けられなくなると、「干上がってしまった」と言う。

　　水は流れと、創造性に関するものである。あるプロジェクトを行っていて、仕事が得られたとき、「流れに乗っている」と言う。水は境界がない限りどこにでも流れていく。ある人の話が止まることを知らずいつまでも続くとき、「立て板に水」と言う。ここに例がある。

水元素の宣伝情報

水元素の宣伝情報は私たちを近づけ、繋がりを造り、生活に特別な流れをあたえてくれる。静かな音楽は常に良い水元素の売り手である。よくカップルが手に手を携えて浜辺を歩いていて「ロマンティックなクラシック」を聞いている。セックスと親密さのコマーシャルは幸福な男が満足した妻の手を持ってバイアグラの不思議を語る。特別に投資家のために造られた水のコマーシャルがあって「ビデオ水族館」(水)について学んで疲れ切ったブローカ(火が多すぎた)が映っている。魚が泳ぐビデオを見、水の状態に入り、リラックスして彼の生活について新しいアイデアと希望を経験する。

地元素

地　チューニン グ・フォーク　手順	C128 Hum with Otto Tuning Fork
キィ・ワード	地に着いて集中した
色	赤
感情	(−) 恐れ、非常な恐怖、独占欲、退屈 (+) 安全、確信、忍耐
エネルギー 　組織　特性	(−) 萎縮、保持、硬質、制止、冷気 (+) 強さ、堅固、確固
特徴	(−) 前進を恐れる、閉じこもる、引き下がる、感情や生活から隔離する、システムや思考パターンを強く信じ込む、正しいか間違った傾向、近づき過ぎたくないという感情、強制、地の壁から距離を置く (+) 明快な立場、まっすぐな関係、事実を素直に受け取る、情報を整理できる、安全と信頼への大きな感覚、人との安全な感覚、明確な境界

議論

地は我々がよって立つ地面であり母である。死んだ
ときには、肉体は母なる地に戻り、精神は父なる天
国に昇る。多くの地の特性がある。頑丈な地、固い
地、柔らかい地、どろどろの地、熱い地、冷たい地、
凍った地、ひび割れた地、もろい地、乾いた地、干
上がった地、湿った地、泥の地、そして肥えた地。農
夫は正しい植える時期を決めるため地を見、地に
触れ、地の匂いを嗅ぎ、地を感じる。

　地は多くのものを造り出している；山、丘、洞窟、峡谷、谷、庭、小道、岩、巨
石、医師、河底、湖や池の底、そして、海底。地は楽しみである。地の上で走り、跳
ぶ。子供は土で遊び、泥の丘を滑り降る。土で泥パイや壺を造る。粘土で家を建
て、ある人は地下の家に住んでいる。地に登り、地を投げ、水面に飛び石を投げ
る。地を掘削機で移動し、少年は目を見張る。庭の良い地に植木をし、鍬やシャ
ベルで何時間もかけて園芸として納得できるようにする。

　物事を整理し集中する必要があるとき、「地に足をつけて」と地に向く。散ら
かしたとき「きちんと行動しなさい」と言われるが、これは整理するようにという
別の表現である。今していることが分からなくなったとき、「地に足をつける」。物
事をはっきり、普通ゆっくり、低い声で、しゃべる人がいると「とてもしっかりして
いる(is grounded)」あるいは「きちんとしている」と言う。

　問題解決を助けてくれる良いラジオ・ショウのホストに耳を傾けるのが好き
である。私の好きなホストは名前をベルナルド・メルツナーと言い長年ニューヨ
ーク市のラジオ・ショーをしていた。放送が始まると低く響くゆっくり明瞭な声で「
こんにちわ、ベルナルド・メルツナー博士です。私のことをあなたのベルナルド叔
父さんと思ってください。あなたの問題について話し、解決しましょう」と語りかけ
る。彼の深い地の声を聴くと、すごく安心だと感じたものである。あたかもどんな
問題を抱えていても地に溶けてなくなるかのようであった。人々は彼の声を聴く
ためにメルツナー博士にダイヤルを合わせるので、彼が語る内容は二の次であ
った。

　ある日、ヒステリックな夫人が早口でショウに掛けてきた。彼女はどんどん
しゃべり続けた。突然、メルツナー博士が声を上げ深い声で言った「お待ちなさ
い、ゆっくり話しなさい、何とかしますから」。信じられないことに、夫人の声が変
わり、はっきりゆっくりと「本当ですか?」と応えたのである。メルツナー博士は地
の確信をもって「もちろんです」と言った。

　　地は我々に境界と安全を与える。中世においては、城は石で築かれ安全地帯と呼ばれた。脅威が起こった時、強固な石の城の壁の中に非難した。第２次世界大戦の間、人々は爆弾から身を守るため地下深く貯蔵室を造った。今日、スイスと他の国は山全体をくりぬいて核攻撃に備えている。

地元素の広告情報

地の広告情報は製品を用いてまとまりのなかった人々（空気）を整理がついた（地）状態にする。時間の管理に日程表、台所整理表、ファイル整理、地下整理を提示する。これら広告情報はまともでなく始まる、まとまりがない空気元素の人々がその製品を見つけて瞬く間によく整理されたようになる。私のお気に入りは、会計管理の広告情報で、ピシッと着込んだ老人が（地）深くゆっくりした地の声で彼の会社にあなたのお金の管理（整える）をさせて下さいと尋ねる。

5元素の旅 間奏曲

始まりの前　この世に生まれる前のことを想像しましょう。振動し、起伏する、ユニバーサル・エネルギーの海の中に潜在性があった。この潜在性に境界はなく、自由で、容易にどの方向にも拡張できた。ある日、その潜在性は、卵から雛が孵るごとく、あるいは蝶が蛹から変身するごとく、あるいは若いパルシファルが暗い森から出かけるごとく、宇宙の旅に出るべき時だと悟る。たちまち、潜在性は「あなた」であると宣言し、存在として宿る。旅が始まるのである。

エーテル　地に向かって旅を始めると、自由な精神は空間の中に形を持って現れ始める。どこが境界なのかわからない。しかし、あなたの空間が輪郭を現したことは分かっていた。ここで最初の感情—悲しみを経験する。潜在性の純粋さを失って、悲しみは強く、耐えられない。戻りたいと思うが、戻ることはできない。

空気　あなたは宇宙を呼吸し空気の元素を発見する。初めて欲望の感情を覚える。精神を取り戻し、全てが以前のように有ってほしいと望む。精神を求めるたびが始まり、至る所をできるだけ早く見て回る。欲望は高まり、あちこちを探し回る。

火　探しは狂気のようになってくる。摩擦を生じ、火の元素に入る。熱はどんどん高まり、潜在性を見つけられない失望が強く、破壊的になる。あなたは燃え、そして初めて怒りの感情を覚える。火と怒りは高まり、ついに原始の叫び「精神を返せ！」となる。

水　エネルギーは拡大し、潜在性に戻ったようで解放の感じがあった。すると、警告もなく、縮小が起き、水の元素に入る。火の強力な熱は空気に含まれていたエーテルの物質を溶かしそれを水の元素に変換する。それは失った精神の像の形を　取り始める。あなたが作った像に恋をする。そしてナルキッソスのように水に移った彼女の像を見つめる。転換が起こる。

地　あなたは像が消えるのを許すことが出来ず、再び精神を失う。自動的に、怖れの感情を覚える。そしてあなたの像に捕まろうとして収縮する。恐れは像を引き寄せ強固な形を与える。あなたの像は現実のものとなり地元素を経験することになる。

理想的神経システムチューニング用
ボディ・チューナ™ 12

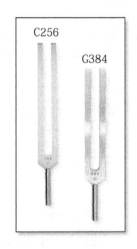

CとGの完全5度は理想的な神経システムチューニングの音程である。完全5度は自己の全ての部分を統一されたハーモニーに持ち込む。我々はチューニングされていることを知っている。というのは100％打ち込んでいて、しかも同時にリラックスし、すべてが思うように進んでいるからである。チューニングが合っていたり外れていたりする経験を多様に表現する。例えば、ある人が高いピッチの神経システムになっていると、そのひとを神経の張りつめた(high-strung)、巻き切った(wound-up)、イライラしている(uptight)と言う。ある人が低いピッチの神経システムになっていると、その人が控え目(low-keyed)だ、巻きが戻っている(wound-down)と言う。巻き切りや巻き戻りの様な言葉は音楽家が弦のピッチを上げ下げするときに使う。

　　理想的な神経システムのピッチ、ちょうど良い程度の緊張があるところ、は「チューニングされている」と言われる。運動家や演芸家たちはチューニングされていることを、最高の技で競技あるいは演技しているときに起こる奥深い内的リラックスの経験だと言っている。彼らの演技を見ている人々もよく「高度にチューニングされている」とか「その域にある」(in the zone)と言う。

　　完全5度の「完全」は反対にあるものを一つにする協和音とされている。中国の哲学者、老子は完全5度のことを、陰と陽の力の間の普遍的な協和の音としている。インドでは、完全5度はシバ神、男の本質、がシャッキ神、女の本質、を生命の踊りに招くときの音を生むと信じられている。錬金術師たちは完全5度を「アンサタ十字」と呼び地の果てで精神への昇華が始まる静止点と考えた。彼らにとって5という数は精神と大地との合体を表わす偶数(2)と奇数(3)との完全な組み合わせであった。

---

12 私は完全5度ボディ・チューナの名前を無響室での経験に基づいて名付けた。完全5度の効果を発見したとき私の神経システムと体の姿勢その音との共鳴に転移したのに気付いた。私は理想的なチューニングは神経システムと世界における自分の姿勢を取るかに関係する前庭システムとの両方に関わるべきだと理解した。

　　比の概念は完全５度の協和と神経システムのチューニングを理解する重要な鍵である。比は二つの数の比較で２つの値の間の関係を現している。比は２つの方法で表現される。最初の方法では一つの数に続いてスラッシュそしてもう一つの数が続く、すなわち2/3。第２の方法では単に２対３のように言う。音の間の比は何通りかの方法で決められる。現代的な方法では音をサイクル・パー・セコンド(cps)で測る。例えばＣは256 cps そしてＧは 384 cps だから、256/384 は２対３ (2/3)の比に縮退される。

　　古代においては、音のサイクル・パー・セコンドを測ることが出来なかった。その比を決めるため、ピタゴラスは一弦琴と呼ばれる楽器を用いた。一弦琴は一本の弦を移動できる駒の上に張った共鳴箱で出来ている。駒の位置は共鳴箱の側面に標された数字のスケールで決められた。その結果音の関係は駒の位置に基づいていて、比は数字のスケールで決められた。

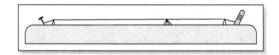

　　非常に簡単な一弦琴はゴムバンドあるいは糸を二つの爪の間に張って造ることが出来る。ギターやどの弦楽器でもその１本の弦を使えば一弦琴になる。弦はどの長さ、太さ、張力でも爪弾いたとき音を発すればいいのである。

　　一弦琴の弦を弾いてその音を聞こう。弦の全体が分割なく振動している音は基本と呼ばれる。基本音は数字１を表し一本の弦の音である。

　次に定規で弦全部の長さを測り、そして半分にする。弦全体が６インチのとき、その半分のすなわち３インチのところで抑える。半分の点のどちらかの側で弾く。耳で聞いて両方がちょうど同じ音になるようになるまで調節する。それは弦のちょうど中点である。中点の音は全体の音に対して１対２(1/2)、すなわちオクターブである。目に見える協和として、オクターブ弦の長さが３インチの一弦を見ることが出来る。弦の全長は６インチで；3/6 従って比は１対２(1/2) に縮退できる。

　次に、一弦の長さを３つの各２インチの等しい長さに分割する。弦の全長の３分の１のところで弦を押さえる。

　３分の１の点での弦の音は２対３(2/3) の比、あるいは完全５度を造る。見た目の協和では、完全５度の弦は２インチで、オクターブの弦の長さは３インチであるから、その比は２対３(2/3)である。

　右の図は 2/3 の比に計算されたキャリパーを示している。長い線と短い線は、キャリパーの開きに関わらず常に２対３(2/3) の比になっている。キャリパーの中央の脚はキャリパーの二つの線分が合わさるところである。それは比を定義するスラッシュのようである。

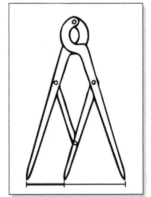

　この合わさる点は２つの線分をつなぐ白抜きの丸で表される。

　このような図の表現になった理由は合わさる点はエネルギーの中性の場として２つの線分をつなぐ静止点だからである。音の理論では、この点は振動がゼロの場所を意味する「ノード」と呼ばれるはずである。ゼロ点は複数の方向や次元の運動が許される柔軟な蝶番の様なものとして作用する。次の図面で、長い線分と短い線分とが音の中の「静止」を表わす解放点で連結されている。

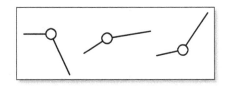

　次の図は体の多くの関節が2/3の関係で結合されているかを示している。各関節は2/3の波が体全体で起こり鎮まらせている静止点と考えられる。

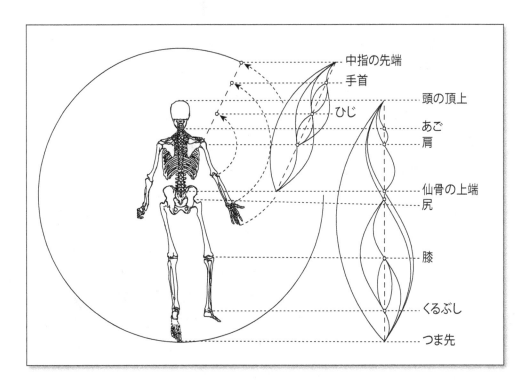

　　自立的神経システムが完全５度にチューニングされると、2/3 の波が全身に流れる。神経システムが信号に同調し、さらに各関節に繋がっている腱、筋肉、そして靭帯がバランスのとれたチューニングになる。張力のバランスが崩れていると干渉パターンが発行され動作範囲を調整する。

　　人間のチューニングがどう働くかを生理学的に理解する鍵はT.S.エリオットが彼の詩「４つの四重奏」で次のように示唆している、

　　　　　「静止点で、舞踏は…拘束でも動きでもなく…　　」[13]

　　「拘束でも動きでもなく」の言葉は生理学的には副交感神経あるいは交感神経システムのことと言える。交感神経システムは「戦闘あるいは躍動の神経システム」で、警戒、エネルギー消費、活動継続、物事を成し遂げることを処理する。副交感神経システムはリラックスの神経システムで、鎮静、エネルギーの節約、受容を処理する。

　　この２つの神経システムは組み合わさって自律神経システムを構成する。自律神経システムの働きとは交感神経と副交感神経の間での継続的相互作用とバランスのことである。神経システムのピッチを上げたり下げたりする交感神経と副交感神経のバランスの移動を行うには、感覚入力を制御している中央神経システムが解放され静止点に入る必要がある。静止点においても、中央神経システムはまだ働いている。しかし入力される感覚情報への中央神経システムの関与は保留される。

　　頭蓋整骨の創始者ウィリアム・ギュナー・サザーランド博士は、「アイドリング」という言葉で活動していない中央神経システムを表している。この言葉は自動車がニュートラルでアイドリングしているのを見て名付けられた。自動車がギアをシフトするには、ドライバはクラッチを押し下げて車輪へのパワーを解放し（静止点）なければならない。エンジンは回転し続けているが、ニュートラルに入っているので、力伝達機構から解放されている。同様に、人間も静止点にいて自律神経システムが発火をし続けていることがある。回転速度を上げることさえあるが、それは行動から解放されているためどこにも行かない。

---

[13] T.S. Elliot. "Burnt Norton." *Four Quartets*, Section II.

　ドライバはニュートラルからシフトを上げること、それは交感神経の活動を増やして神経システムのピッチを上げることと似たことである、あるいはシフトを下げること、それは副交感神経の活動を増やして神経システムのピッチを下げることと似たようなことである、のどちらもできる。静止点から出てくると、そのパワーあるいは生命エネルギーは新しい交感神経／副交感神経のバランス状態で再び従事する。神経システムのチューニングは完全5度の協和になるよう変わる。

　静止点で解放状態にあるため、神経システムのチューニングのシフトには再従事するまで気が付かない。よく知った神経システムのチューニングにシフトすると、シフトは「正常」とみなされる。よく知らない神経システムのチューニングにシフトすると、なにがしかのカオスを経験するかも知れない。これは中央神経システムへの入力を新しい方法で知覚しなければならず、新しい思考、感情、感覚に適応する必要があるからである。

　静止状態では、人のエネルギー・システムは再組織し完全5度の協和にシフトする。ジョン・アプレジャー博士は副交感神経の観点から治療上の静止点について書いている。「副交感神経システムの全動作は…完全に静止し…静止点においては、すべてがリラックスし…どの筋肉の緊張も解け去り…静止点は数秒から数分にわたって継続する。それが終わると、副交感神経システムが通常さらによい対称性と大きな振幅でその働きを復活させる。」[14]

　エネルギーの観点からすると、完全5度は静止の核心に繋がるユニバーサル・エネルギー場の根本的な波動と共鳴する音の誘導標識である。完全5度の根本的波動に戻ると、チューニングされていることになる。

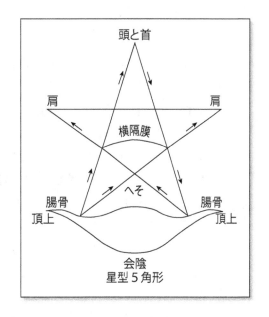

頭と首

肩　　　　　肩

横隔膜

へそ

腸骨　　　　腸骨
頂上　　　　頂上

会陰
星型5角形

[14] Dr. John Upleddger. *Craniosacral Therapy*. Seattle: Eastland Press, 1983, p. 25.

完全5度の評価

熟練した施療師は人の神経システムの状態を評価するのに完全5度の理念を用いることができる。完全5度評価の鍵は5星幾何学とその完全5度と体の姿勢との関係を理解することにある。5点の星印を体の上に重ねた図面が神経システムのチューニングを完全5度、生命のエネルギーの流れ、とユニバーサル場の共鳴との関係で評価する方法となる。星の頂上は頭である。肩は2つの上の両側の点、尻が底の2つの点である。頭、肩、尻の関係が5星パターンと合わさった時、神経システムは完全5度にチューニングされユニバーサル・エネルギー場と共鳴する。

　下の図面は完全5度のキャリパーが星形5角形の上に置かれている。星形5角形の中の大小の線分を接続する点は白丸で表される静止点である。人間においては、静止点は蝶番として働き、別々の神経システムチューニングによって星形が柔軟で多方向多次元に動くことを可能にしている。静止点での星形5角形の動きはピタゴラス音階の異なった音程で共鳴している。

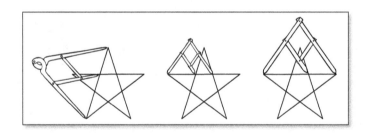

　数学者にとっては星形5角形は幾何的に固定されたものであるが、音施療師にとっては生きた、脈打ち、ダイナミックで、適応性のある形なのである。要素のエネルギーと共鳴するため、5角形の配置を制御する人間の関節は調子を整え、柔軟であることが必要である。5角形とその動きを目に見えるようにするには体操選手の演技を観察するといいだろう。理想的な体操選手の体の休止中は5角形の比例になっている。そして、彼の体は高度にチューニングされていると言う。選手が競技中には、その体は競争者の挑戦と対抗するため、柔軟で、しなやか、そして多くの異なった方向に動く。

　完全5度はピアノをチューニングするために使われるAの音のようなものである。神経システムが完全5度でチューニングされているときには、他の音程に移り、また完全5度の音程に戻ることが出来る。この音程の変化は全身に対応した5角形パターンでの目に見える変化として見ることができる。各音程と体の

位置は、音と視覚的なパターンは変わっても、完全５度で共鳴している。

星形の全ての点は星の中の星形５角形の中心を通じて繋がっている。もし他の星がこの星形５角形の中に描かれ、さらにもう一つが新しい星形５角形の中に、さらに星の中の星の中に星が現れたら。これはもう一つの静止点に至る渦巻き状の幾何的表現である。チューニングされているとき、ユニバーサル・エネルギー場からの波の中に波が生じるように、エネルギー場の中にエネルギー場がある。

レオナルド・ダビンチの円を四角で囲んである絵は、５角形の視覚的幾何を通じて、人間のいくつかの異なったチューニングの原理を描いている。円はユニバーサル・エネルギー場を表していて、四角は地球を表している。ユニバーサル・エネルギー場と地球との距離はオクターブの音程である。オクターブは「上から下へ」広がる空間を造りだしている。男は天国と地球の間に立っている。彼の肩がバランスしていれば、「円にぴったり一致させる」ことが出来、完全なバランスに有る。これは完全な星形５角形でまた人間における完全５度の音程である。

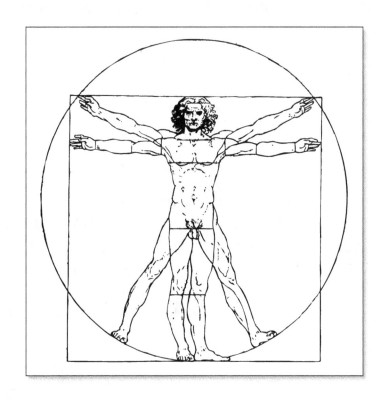

　　カイロプラクティックス医療の創始者D.D. パルマー博士は高品質のカイロ
プラクティックス施療は良質の神経システムのトーンに基づいていると信じてい
た。彼は「意識は音響的振動で決定され、調和しなければならない」と言った。"[15]
今日まで、多くのカイロプラクターは長短の足の並びの診断でD. D. パルマーが
正しい音響のトーンと呼んだものを決定している。両くるぶしを比べて足の長さ
を測ってそれらが等しいとき、正しいトーンが示される。もし足の長さが違ってい
ると星形5角形のパターンとの合わせが外れていることの現われで、不協和のト
ーンが造られる。カイロプラクターは脊椎調整を施し、足の長さを観察する。調性
が成功すると、足の長さが均等になり、きちんと星形5角形との整合が起こり、最
適なトーンも得られる。

星形5角形評価手順

星形5角形の協和の評価にはいくつかの方法が用いられる。これらの評価
方法がうまく働くには、神経システムが完全5度やその他のピタゴラス
音程で動作していることが重要である。ソラー・ハーモニック・スペクトラムの章
で音程について読み、付録Aの音記録を用いて学ぶことをお勧めする。
　　ウィリアム・ライヒ博士はこの評価と治癒の過程を二つの渦巻きエネルギー
が合わさる物としてエネルギー的に図化した。彼はそれを宇宙の重ね合わせと
呼んだ。

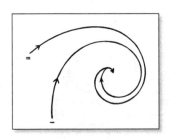

　　患者のエネルギー場を重ね合わせることでのみ治療者は患者のことを知る
ことが出来る。しかし、患者を知ることはまた治療者が患者を非常に深いレベル
で知らなければならないことを意味する。治療者が患者のエネルギー場と合わ
さった時、自身を失いやすいのである。心理施療師はこれを「逆移転」と呼んで
いる。このことは他者の何かが自身に内在するよくわかっていない何かを呼び
起こすということを意味する。結果は治療者が他者の明確な評価を得ることが
出来ないことになる。

15　Dr. D.D. Palmer. *The Chiropractor*. Health Research Mokelumne CA, 1970, p. 8.

　　理想的な星形5角形を知ることは重なりあわない領域とその全体との関係を把握できる基礎である。この理由から、音程を研究し、音程に「内在する」自身を知ることが非常に重要である。そうすると、他者を評価するときに、理想的な星形5角形を知り、その理想と自身との関係を知り、そして他者のエネルギーを自己のエネルギーと理想的星形5角形エネルギーと対比してよりよく感知することが出来る。

基本 :: 評価訓練1

立ち上がって、頭、肩、尻が星形5角形と揃うように動けるようにする。鏡がチェックのために使える；しかし、一番いいチェックの方法は目を閉じて首、肩、尻の星形5角形との関係での位置を感じることである。肩が高すぎると感じるときには、深く息をし肩の緊張に意識を集中する。それを正しい位置に揃うのに十分なだけリラックスするように努める。そこが緩み過ぎであれば、正しい位置に揃うのに十分なだけ緊張させる。

　　次に、CとGのチューニング・フォークを膝で叩き、ハミングしてその声が完全5度と共鳴するようにする。そしてハミングを止め、そのトーンに感じたフィーリングを保つ。内的に体の各部を調べ、全体的な緊張の感覚を得る。そして、肩の首との関係に集中する。首が肩から浮かび上がって離れ、それらの間に空間が生まれ完全5度のトーンで共鳴するのを、見る、感じるの両方の感覚で掴む。

　　心と体の完全5度のトーンを知ることは星形5角形の評価の基本である。重なりから外れたり、チューニングから外れたりしたときにそれが分かるようになるまで上記の訓練を何度も繰り返して行う。チューニングに戻るには、チューニング・フォークを鳴らし、ハミングし、あるいは完全5度を考えて体が正しい星形5角形の配置に戻るようにする。星形5角形の共鳴を知るほど、自分と他者をよりよく評価できるようになる。

不協和 :: 評価訓練2

肩をすぼめ、耳に向かって挙げる。新しい緊張のチューニングに入り、自分の声がそれに共鳴するまでハミングする。堅くなるにつれ、ハミングのピッチは自然に上がる。それは弦と同じである。張力が増すとピッチは高くなる。

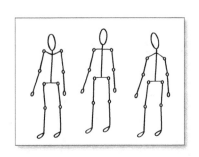

　両肩を少し上げ下げしよう。ハミングして、収縮、狭さ、あるいは音の保持を聞きそして感じる。音に聞き入って喉のあたりの筋肉のトーンを感じる。両肩を高めあるいは低めにしてもオープンで共鳴するピッチでハミングすることが出来る。しかし、ピッチが締め付けられたり、さらに／あるいは開き過ぎたりしていると、星形5角形パターンはいい加減になってしまう。

　完全5度の感覚と声のトーンを「体で覚えている」ことが、視覚的な協和と他者のトーンを聞いて評価するときの鍵となる。他者の肩と首の関係を観察しなさい。自身も関係を正しく保つ良い緊張にチューニングされ感覚を得ているようにもっていく。体の完全5度のトーンを感じるようにチューニングし、そして両肩が他者と同じ位置と緊張に移るようにする。新しい肩の位置の感じのトーンで大きな声であるいは内向けにハミングする。

　新しい質のトーンにチューニングされると、完全5度のトーンと比較して次の質問を尋ねる：

- ピッチは高いかあるいは低いか？
- ピッチは締まっているかあるいは緩んでいるか？
- ピッチの色は何か？
- ピッチの温度はいくらか？
- そのピッチと共に出てくるイメージがあるか？
- そのピッチと共に出てくる考えがあるか？

　評価をより洗練するために、両肩と首の関係を視覚的に厳密に観察する。例えば、一方の肩が高かったり、前に引かれたりしていないか？一方の肩の緊張がもう一方の肩の緊張と違っていないか？首が前に出ていたり、一方に傾いたりしていないか？できるだけ多くの詳細について観察し、それらの詳細をそのピッチと緊張の位置を取って、自分の体の内部にいれる。

　次に、評価を星形5角形の全体のパターンに広げられる。星形5角形の対角線に基づいて尻の肩との関係を観察する。星形5角形の対角線に基づいて首と頭の尻との関係を観察する。何か捻じれ、収縮、引き伸ばしがないかに気を付ける。同時に、自身の体を対角線のピッチと張力が完全に合う位置に持っていく。

　ある人の星形5角形の評価を終えたときには、それらのトーンが自分の体で共鳴する効果を聞き、感じるだろう。トーンは情報を運ぶ波である。

そのトーンにチューニングして、そのトーンを大声でハミングしなさい。
そのトーンで何があらわになるかを観察し、評価の質問を訪ねる。良質の
評価は、あなたの得た値、すなわち完全５度のトーン、視覚的協和の問題
であり、そして他者と同様に自身の中に現れたものを観察し、チューニン
グし、聞き入るかどうかの問題である。

反射学評価 :: 評価訓練3

星形５角形のトーン・システムでの不協和は、反射点による体のいくつかの領域
に投影することが出来る。音と視覚のエネルギーの観察は星形５角形の対角線
を追跡し注目するべき反射点を特定するのに使える。次の図面は星形５角形の
中で反射点を示している。

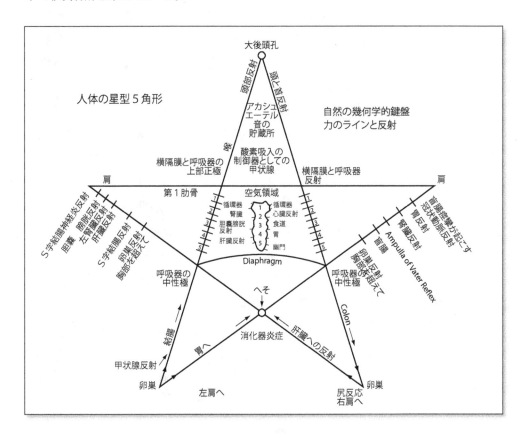

　　星形５角形の対角線を杭の間に張った弦と想像する。弦が理想的な張力に
あるとき、肩、尻、頭は星形５角形パターンに配置される。弦が過度に強く張ら
れると、頭、肩、尻を引っ張り、回転を起こし、さらに／あるいは補正位置に持上げ
る。弦がゆる過ぎると、体はトーンを失くし、だらりと垂れたわむ。

　　視覚的に星形5角形パターンの評価をするためには、対角線の連結点、すなわち肩や尻を観察することである。それらの関係、例えば、左肩が高いとか、右の尻が前に回転しているとかに注目する。同時にそれらの間の対角線を観察して体での緊張の感じを得る。緊張度のピッチでハミングし、その音の収縮したあるいは解放したのを感じる。自分に「それがきつすぎる（高いピッチ）か？緩すぎる（低いピッチ）か？」聞いてみる。

　　次に、完全5度をハミングする。大声でハミングするのが不適切なら、心の中でハミングする。あなたの声のピッチが揺らぎ、収縮あるいは降下している対角線上の場所を視覚上の位置／点としてマークする。この位置を対角線上の反射点と比較する。

　　もう一つの方法は、完全5度のチューニング・フォークあるいはボディ・チューナを叩く。C256を下に、G384を上に保持し、それらを対角線に沿って移動する。オーバー・トーンに気を付け、オーバー・トーンが消えたときあるいは変わった時、すなわち完全5度のトーンの揺らぎに気を付ける。このことが起こった対角線上の位置と反射点を記録する。

　　ケルト族の言い伝えに、昼から夜への経過時は「世界の割れ目」として知られている。彼らは割れ目は天国と地上の経過あるいは渦巻きの静止点だと信じていた。アイルランドにある古代ケルト人の埋葬塚には一つの窓があり、長らく謎とされていた。その後それらは冬至の日没が埋葬塚の窓にぴったり合うように作られていることが発見された。その特別な瞬間に、日の光が埋葬塚の内部を照らし、霊の世界と地上の間の静止点通路を造りだしたのである。

　　静止点は至る所に有る、というのは全ては静止点から来て、そこに戻るからである。我々は、多くの単語、名前、静止の瞬間の経験の表現を持っている。自然発生的に内的な落ち着きとして静かな瞬間を経験するだろうし、内的な平和の深い感情を経験することもある。働いていて、思いかけず活動の停止があると、まれな静かな瞬間をもたらす。パーティにいて、話しに興じ、グラスの触れ合う音がし、背景に音楽が流れているときに、突然予期しない会話の途切れがおこることがある。音楽は止まり、静かさの瞬間が部屋に行き渡る。静かに。

静止点の間奏曲

静止点の重要さは目的達成や仕事を完了させると言った発想からは理解しがたいものである。どんなに短くても、静けさの瞬間は永遠とか道教の師が「絶対」と呼んでいるものを垣間見るも

> 「静かに有れ、しからば汝は知るであろう。」　— 詩編23
>
> 静かさにおいて教えが聞かれる；静かさにおいて世界は転換する。　— 老子

のである。これは、静かな池の鏡の様な表面の上で瞑想しているときに石を投げ込むときに経験できる。波紋が広がり、真ん中に戻っていろいろなパターンを産み出す。静かな池の写真を心に保ちながら一方で同時に静かさに戻るまでそのパターンを楽しむ

そよ風で鳴る風鈴に耳を傾ける。そよ風が静止点に入ると、鈴は静かになる。もっと大きな絵でみると、木々や植物はそよ風でまだ動いているかもしれない、しかし、風鈴は静かである。それはそよ風の中で一時的な静かさの交点にいるのである。鈴の音を聞く方法で静かさを聞きなさい。そよ風が戻った時、静かさの大海で鳴っているように鈴の音を聞きなさい。

ヒマラヤの聖仙、あるいは聖人たちは、高い山の中の洞窟に住み、毎朝静かさで目覚める。夜のそよ風が山を吹き抜け、太陽が昇ろうとするその時に、大気の移転がありそよ風が止まる。ヒマラヤの聖人たちはこの夜と昼の間にあるこの静けさの瞬間を「白鳥新星」と呼んだ。毎朝彼らは白鳥新星の静かな静止によって目覚める。

ヤキの魔法使い、ドン・ファン、は静かさがソノラ砂漠に舞い降りる夕暮れに彼が最も力を持つと信じていた。彼はその静かな時を永遠を垣間見るときと呼んでいた。内なる静寂から出発するなら何事も可能だと信じていた。

無響の反射

神経システムチューニングと全身の姿勢の間のつながりは無響室で認められる。完全5度を聞いた結果は多くのレベルで意味深いものであった。その時、現象論的研究は系統的に私自身の経験を探ったものがベースになっていた。システム科学の手順に基づいて私の発見を医療技術に統合しようとエネルギー医療モデルを受け入れていた。何年にも亘って、私は触診技能によって完全5度神経システムチューニングに関係した理想緊張に基づいて関節の異常低血圧の評価をした。私は接触療法と言葉によるカウンセリングと共に音を用い、そういった緊張を完全5度の理想音への共鳴に戻そうとした。その研究の成果は意味深いもので、多くの治癒を目撃してきた。神経システムが転移した時に核心に迫る化学変化が起こったことを知っている。私の研究は音による実践治療に関わるものであるから、過度に緊張した部分を感じることが出来るのである。

理想神経システムチューニングに基づく
チューニング・フォークの生理化学的効果

研究によると振動は神経、内皮、免疫細胞に伝わり、チューニング・フォークが一酸化窒素を刺激し、生理的現象の連鎖を引き起こし、それが健康、幸福、精神状態、意識に直接影響する。一酸化窒素を理解することで、分子化学、医療、と音治療の間の科学的結合を確立できる。

一酸化窒素は略記版でNOとして参照されるが、一つの窒素原子が一つの酸素原子と化合した分子である。それは一つの窒素原子、一つの酸素原子からなる自然で見つかる最小の分子の一つである。NOは全ての生物—人間、動物、昆虫、そして植物にとって基本的な物である。人間の体では、一酸化窒素は血管、神経、免疫細胞の内部で作られている。そして、取巻く組織にガスとしてリズミカルに放出される。NOは全ての主要な臓器システムの健全な機能に関与している。

免役、血管、そして神経細胞は一定レベルの一酸化窒素を「パフィング」と呼ばれるリズミックなサイクルで放出している。この基本レベルのNOは細胞をリラックスさせ、中程度の警告状態に保つ。細胞がビールス、バクテリア、活性酸素を検出すると、活性化し、より多くの一酸化窒素を産出する。この信号が生理化学的現象の連鎖を起こしそれでビールス、バクテリア、活性酸素を破壊する。このことから、NOは信号分子と呼ばれる；しかし、NO自身もビールス、バクテリア、活性酸素を攻撃し中性化する。侵略者が中性化されると、NOは攻撃を停止するよう信号を送り「下方制御」と呼ばれるが、それが別の生理化学的現象の連鎖を起こし、細胞をリラックスした警告状態に戻す。

研究者は一酸化窒素のリズミックな放出を「パフィング」と呼ぶ。一酸化窒素の放出は6つの小さなパフィングのサイクルで起こっていて、それは自律的神経システムと密接に関連している。パフィングの3つの上昇フェーズの間、NOが放出され、その信号により体が副交感神経のモードに入り、細胞がリラックスし、さらに分離し、壁を薄くし、丸くなる。パフィングの下降フェーズでは、NOは消散し体に信号を送って交感神経のモードに移り、細胞が警戒状態を続け、お互いに寄り合い、細胞膜を厚くし、非同期状態になる。

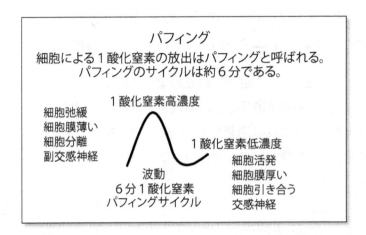

ストレス状態にあるときには、交感神経／副交感神経のバランスはしばしば
崩れる。その結果NOパフィングにしわ寄せとなり、NOの産出が減縮し、極端な
場合、NOの生産が打ち切りとなる。研究者はこれを「平坦線化」と呼んでいる。
縮小したNO生産は免役活動を低下させ、時間と共に組織の病変となる。経過は
エネルギーの欠乏、関節痛、憂鬱、性欲減退、頭痛、軽度鬱、記憶障害、消化不良
などとして始まる。長期には、NOのリズムが復活しない場合、これらの症状は重
くなって、血管病、糖尿病、アルツハイマー氏病、自己免疫疾患、そして癌と言った
重大な病気に発展する。

　例えば、医学研究の最大の領域の一つは心臓血管病における一酸化窒素の
役割である。一酸化窒素は血管の内皮の内張りに直接に働きかける。内皮は組
織の最も内部の層で、動脈と血管の内張りをしている。皮膚、脳、心臓、そして全て
の器官は内皮細胞によって内張りされている。人一人には16万kmの血管と、フ
ットボール競技場より大きいその内皮面積がある。

　内皮細胞が健康な時には、一酸化窒素をパフしている。一酸化窒素の存在
下で、血管はしなやかで、弾力があり、血液の脈動とともに膨張、縮小している。白
血球と血小板は血液流で自由に移動することが出来る。同時に、一酸化窒素は免
役強化剤として、内皮中の日和見主義のバクテリア、ビールス、活性酸素を探しだ
し、破壊する。

　不健康な内皮が減衰した一酸化窒素のために膨張すると、その表面は固く、
ねばつき、白血球細胞と血小板を血管に付着させ、アテローム性動脈硬化を起こ
す。この結末は広範囲である。例えば、研究はアルツハイマー氏病に集中してい
て神経の不全ではなく血管の不全としている。脳の毛細血管は減縮した一酸化

窒素によって減縮し、その結果脳細胞への酸素とグルコースの供給が減る。時と共に、これは神経の不全、細胞死、痴呆となっていく。

　研究者は細胞における一酸化窒素パフィングの刺激そして／あるいは不活化に「スパイキング(spiking)」という単語を使う。ストレスによって、一酸化窒素パフィングは減縮し、そのリズムを取り戻すには刺激が必要である。研究は128cpsのチューニング・フォーク、オットー128[16] と呼んでいるものである、が一酸化窒素を急増させ、NOパフィングのリズムを強化することを示している。このNO押し上げは自律神経システムをバランスさせ、微細胞レベルで、対バクテリア、対ビールス、対活性酸素の自然な解放を信号する。

　我々は実験室で音の組織に対する効果を測ろうとしてチューニング・フォークの実験をした。最初、生理化学者はいかに速く反応が起こるのか、あるいはそもそもそれが起こることさえ信じることが出来なかった。テストを何度も、多くのサンプルで繰り返し、いつも同じ結果を得た。一酸化窒素のスパイキングを観察したのである。3度目のテストは決め手になった。私は各生理化学者にチューニング・フォークを渡し、そしてその次の起こったことは決して忘れることが出来ない—白衣の3人の生理化学者たちはチューニング・フォークを叩きそれを自分の体に置きその効果を感じようとした。私は有頂天になった、28年もその効果を感じて過ごしてきたのである、そしてやっと還元主義者の科学がとうとう起ろうとしていた。その日科学者たちは私に「振動ジョン」というニックネームをくれた。音の治療する力を理解する新しい門戸が開かれたのである。

---

[16] Otto:オットーは骨音響の省略語であり、「骨を振動させる音」の意味がある。骨音チューニング・フォークの章を参照。

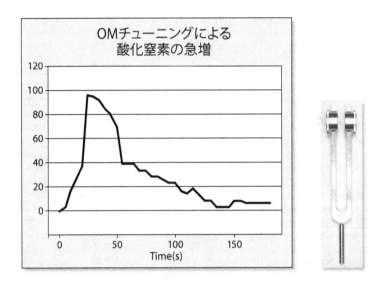

上のグラフはオットー128の振動で放出される一酸化窒素を示している。

電流測定システムがNOの放出を検出し測るために使われた。電流測定システムは単純に中空の針にNOガスだけが透過できるマイクロ・ネットをかぶせたものであった。そのガスは針内部の光学接続性として計測されそれがコンピュータに接続されていた。このシステムは細胞培養で使用されていたものでNOの放出をリアルタイムで血液の監視を通じて測定できる。

オットー128チューニング・フォークを理解することで多くのことが推論される。オットー128チューニング・フォークは完全5度の「差音」に基づいている。それは完全5度の波動で振動している。例えば、C256 cps と G384 cpsのチューニング・フォークの差は、256 cps を 384 cpsから引いた128 cps で到着する。これは完全5度を聞いているとき、CとGのチューニング・フォークの間で生成される128 cpsの振動も聞いているということである。[17]

オットー128の振動が体に導入されると、それは完全5度の波として体中を駆け巡る。体を通じての音波の伝搬は1990年にダールとグロセベックによりアメリカ音響学会機関紙に於いて確認された。[18] 繊維質の動きへの音の効果を調べて、音波は体中のいかなる柔軟な繊維物質、例えば神経や接続組織でも

[17] M. Lenhardt, R. Skellett, P. Wang, and A. Clarke (1991). "Human ultrasonic speech perception." *Science*, 253, 82-85.

[18] M. Dahl, E. Rice, and D. Groesbeck. (1990). "Effects of fiber motion on the acoustic behavior of an anisotropic flexible fibrous membrane." *Journal of the Acoustical Society of America*, 87, 416-422.

興奮させることを発見した。彼らの研究はチューニング・フォークの振動が繊維結合組織、例えば人間の筋肉、細胞膜、神経、神経節、網目状物（神経セットワーク）などで共鳴を引き起こすことが出来ることを支持している。

　組織の伝達による「体の聴覚」を含めると、通常の可聴域よりはるか上とずっと下の周波数まで知覚できることになる。例えば、鼓膜は側頭骨の中のくぼみの中で耳道に張られている。この膜はドラムのヘッドと同様通常の16cpsから20,000 cps の間の音波と可視光の波長より小さな振動の音域をもっている。レンハルト、ワン、クラークはサイエンスに高周波の音響エネルギーは骨組織と細胞の細胞質を通じて忠実度を失うことなく伝わることを報告している。[19]

　神経システムをチューニングし、一酸化窒素をスパイクし、そして抗バクテリア、抗ビールス、抗活性酸素の放出を促すのは、オットー１２８によって造られた完全５度の振動とＣとＧチューニング・フォークによって造られた完全５度の波であると信じている。理想的な神経システムのチューニングは交感神経及び副交感神経の間の完全なバランスとなる。完全５度が歴史を通じて陰と陽の間の完全なバランスとなる音程として知られてきたのはもっともである。今日一酸化窒素が完全なバランスを調整し信号を送っていることを知っている。オットー128は体組織の振動を通じて作動し、ＣとＧのチューニング・フォークは音波を通じて作動し神経システムにバランス状態に戻るよう信号を送る。

　神経システムがチューニングされ一酸化窒素が刺激されると、研究者たちがその結果であるとする利益は：強化された細胞の活力であり、それは抗老化、消化と体重を規制する安定化された体の新陳代謝、強化された血液流の基礎となり、さらにエネルギー、スタミナ、性欲、記憶、と幸福感の増加につながる。さらに、研究は一酸化窒素の正しい刺激は、細動脈硬化、ストローク、心臓発作、糖尿、アルツハイマー氏病、抑鬱、自己免疫疾患と癌の発展を予防する働きがあるとしている。

---

[19] M. Lenhardt, R. Skellett, P. Wang, and A. Clarke (1991). "Human ultrasonic speech perception." *Science*, 253, 82-85.

第2部

───────■───────

チューニング・フォークの
体験

無響反射

ピタゴラスでチューニングされたチューニング・フォークで私が無響室で用いた
オリジナルのセットをソラー・ハーモニック・スペクトラムと名付けた。私はこの「
ソラー」という単語が好きである、というのはそのチューニング・フォークは明る
い音を持っていて、幅広いオーバートーンの広がりを持っていた。部屋は、感覚
の隔離のために、非常に混乱させられるものであった。我慢を続け、していること
を確実に知るため私は記録を取った。毎回その部屋に行く毎に、各音程での実
験を系統的に記録した。各音程について１週間調べた。例えば、５度の音程につ
いて１週間聞こうとした、そして次の１週間４度の音程を聞くとそういう調子で
ある。

　あるとき、各音程を録音し、ベッドの両側のスピーカーで再生した。眠りを妨
げないよう非常に低いボリュームとした。夢の記録を取り続けそして一晩中ある
音程でいた後で翌朝夢を記録しようとした。異なった音程でそうするため、私は
骨フォン(bonefone)と呼ばれる特別なヘッド・フォンを買った。骨フォンは首の周
りにつけ骨の伝導によって音を耳に伝えるものである。これは iPod や MP3 など
の前の話である。ソニーのウォークマンを使って自動反転で音程を再生した。

　私は各期間で出来る限り無響室の中と外の両方で生活するようにした。そ
れを音程抽出と呼んだ。音がいかに私の精神に影響するかを知るほど、患者に
それをどう使うことが出来るかをよりよく知ることが出来るはずである。同じこと
が今日でも言える。あなたが音程について経験し知るほど、よりよくそれを自身
や他人に使うことが出来る。チューニング・フォークは自身の神経システムと種々
のチューニングの効果についての知識をあなたに教える学習ツールである。一
度このことを理解すれば、チューニング・フォークはあなたをユニバーサル場に
繋がるもう一つの方法となる。訓練によって、チューニング・フォークの音を考え、
神経システムと体が共鳴するようになる。

ソラー・ハーモニック・スペクトラム
ピタゴラスチューニングの技術

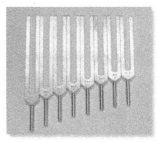

Solar Harmonic Spectrum

ピタゴラスはギリシャの哲学家、数学者で 580 B.C. 頃に生きていた。彼は仏陀と孔子と同時代のひとで、エジプト、メソポタミア、そしてインドに知識を求めて旅をした。ピタゴラスは「歌う宇宙」を信じ「天体の音楽」と詩的に呼んだ。彼は楽器、特に竪琴、がピタゴラス音程にチューニングされているとき、心を宇宙のリズムで歌うようチューニングできると教えた。

　　竪琴は心をチューニングするためにピタゴラス派が主に用いた楽器であった。ピタゴラス派とその竪琴の使用については多くのことが語られている。その一つがこれである。

> 発狂した若者が最近彼の父親に犯罪行為によって死罪を宣告した卓越した判事の家に向かって突き進んでいた。逆上した若者は、抜身の剣を持って、友人と食事をしていた法学者に近づき、彼の妻を脅した。客の中にピタゴラス派がいた。静かに手を伸ばして集まった人を楽しませていた楽師のそばに在った竪琴で一つの音を打ち鳴らした。その音で、狂った若者は歩みを止め、動けなくなった(静止点)。そして茫然自失の体で連れ去られた。[1]

　　今日、チューニング・フォークは常にチューニングされた竪琴の様なものである。ピタゴラス調の音で弦を爪弾く代わりに、現在の施療師は伝統音楽の訓練がなくてもチューニング・フォークを打って同じ効果を達成できる。チューニング・フォークは伝統のギリシャ竪琴を超えて個別の音空間と正確なオーバートーンを造りだせる。

[1] Manley P. Hall, *The Therapeutic Value of Music.* Los Angeles: Philosophical Research Society, 1955, p. 3.

ピタゴラス音程は二つのチューニング・フォークで定まる音空間を視覚化することが出来る。各ピタゴラス音程は治療と意識に影響する独自の性質を持っている。聞く人があるピタゴラス音程の音響空間に入った時、全身を取込むと同時に神経システムをチューニングする振動を経験する。数秒も経たずに聞く人は新しい心理、感情、と身体的パターンを伴った意識の転移を経験する。

ピタゴラス音程が鳴った時、その中で２つのチューニング・フォークのトーンが渦巻き状に第３の音に合わさる音の入り口として視覚化できる。第３の音は音楽の世界では差音と呼ばれ、それは単に２つのチューニング・フォークの周波数の差となっている。ピタゴラス派は、その経験から、差音を「神の声」と呼んだ。**全身に響き、神経システムをチューニングし、５元素にエネルギーを与えるのは神の声である。**

チューニング・フォークで音程を造るのは簡単である。音楽家は長い時間をかけて音楽を造る音階と音の組み合わせ学ぶ。音程チューニングはもっと簡単である、なぜなら音楽の演奏ではなく治療に専念しているからである。チューニング・フォークを順序通り並べ、１から８まで数えることさえできればよいのである。ここにそれがどう生かされるかを示す。

配置

ソラー・ハーモニック・スペクトラムを下の順番に並べる。音程を造るとき、いつもC256を番号１チューニング・フォークとし、そして第２のチューニング・フォークを得るため数え上げていく。例えば、Ｃ２５６とＧの間の隙間は５度の音程と呼ばれる。Ｃ２５６からＧへの音の数を数えるなら、ちょうど５個の音がある。数え上げるとき、数字に文字を関連付ける。すなわち、ＣとＦは音程４度、ＣとＡは音程６度など。

C256	D	E	F	G	A	B	C512
1	2	3	4	5	6	7	8

次に、試してみたい音程を選ぶ。音程でどのようにするのかを学ぶために、５度の音程、Ｃ２５６ とＧを選んで始める。音程を鳴らすために、３つの要素がある：技術、視覚化、そして受信である。技術は音を出す方法、視覚化は音を造

るときの目的である。受信は自身あるいは他の人を治療するため音を移す行動である。

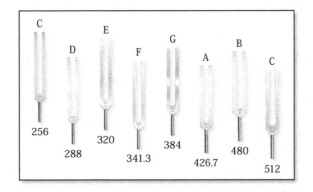

技術

膝打ち：：技術1

1. チューニング・フォークを柄で中ぐ
   らいの圧力で持つ—強すぎず弱
   すぎず。

   突起部でチューニング・フォークを
   持ってはいけない、突起部は音を
   出すため振動する必要がある。

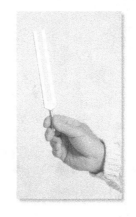
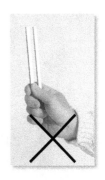

2. チューニング・フォークの平らな側面を優しく膝の皿で打ちつける。チューニ
   ング・フォークで膝の皿を叩いたり、はたいたりしてはいけない。

　　必要なのは優しくしかししっかりと打つことである。そうすればチューニ
ング・フォークは鳴るはずである。それはチューニング・フォークの平らな側
面を膝の皿に優しく落とすような感じである。(もし膝で打ちたくないのな
ら、床や、マッサージ机の側面、手の平でさえ打つことが出来る。施療師の中
にはアイスホッケーのパック(堅いゴム製の平円盤)を膝に縛り付けて使っ
ている人がいる。恰好よくはないが有効である。
　C256を先に一方の膝で打ち、Gのチューニング・フォークを他方の膝で
　　打つのが最適である。一度マスターしてしまえば、両方のチューニング・
フォークを同時に打つこともできるだろう。

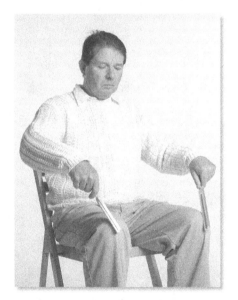

3.　フォークをゆっくり耳に、耳道から3から6インチに、持っていく。目を閉じて
　　聞く。

音が止んだ時、チューニング・フォークを下げ、持ちかえる。例えば、Cを最初右耳で聞いたとすると、第2の打ちではそれを切り替えて左の耳にする。チューニング・フォークを再び打つ。

4. 音が消えたとき、少なくとも15秒は待ち、音の事後効果に自己を任せる。

ハミング: 音を固定する

安全で、静かな場所を見つけ、調べるために選んだ音程を鳴らす。その音程にいる間、音程の空間のなかに有って共鳴する音をハミングする。もし一つのチューニング・フォークの音に注目していると気付いたなら、リラックスし、両耳が両方のチューニング・フォークの空間内で共鳴する音を見つけるようにする。チューニング・フォークを降ろし、音程の空間にいることを想像し、その音をハミングする。音程を再び鳴らし自身をチェックする。チューニング・フォークを降ろし内部音をハミングする。

　　目的はどこでも、意のままに、チューニング・フォークを持っている必要なしでハミングし、その音程に転移できる能力を開拓することである。

オーバートーン打ち：：技術2

第2のチューニング・フォークを鳴らす方法は2つを一緒に打つことである。この方法は体の外で用いられる。耳で直接に使うためのものではない。

1. 柄の部分で持ち、互いに突起部の平らな側面でなく、その角で、打つ。結果を得るために大きな力を掛ける必要はない。楽に音だしの打ちを工夫して鳴らしなさい、過大な力を使ってぶつけるような打ち方はいけない。

2. 互いに打ったとき、チューニング・フォークはオーバートーンと呼ぶ音が造られるはずである。チューニング・フォークを周りで、ゆっくりそして速く、空中で動かし、音が大きくなったり、小さくなったりするときに種々の音を聞く。
次からのページの写真は体の周りでのチューニング・フォークの動きを示している。異なった位置と体との関係に注目しなさい。チューニング・フォークを体の周りで動かしたとき、異なったオーバートーンが鳴ることが起こる。

3. 練習のため、F、GとAのチューニング・フォークを取り、左手に持つ。柄を指

の間にいれる。それぞれ違う方向に突き出る
ようにし、互いに触れないようにする。右手親
指と人差し指の間にCチューニング・フォーク
を持つ。F，G，Aのチューニング・フォークを
C256チューニング・フォークで打つ。

　　チューニング・フォークをあちこちにゆっく
りそして速く動かす。そして種々のオーバート
ーンを聞く。F、G、Aチューニング・フォーク
を上にCを下に待つ。それらを動かし、Cチュ
ーニング・フォークをF、G、Aチューニング・
フォークの下で円を描くように動かす。Cチューニング・フォークの動きが種
々のオーバートーンをもたらすだろう。

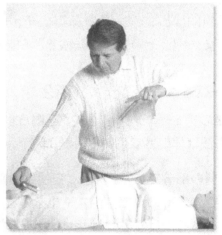

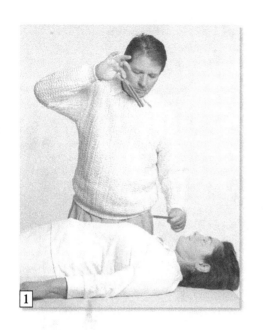

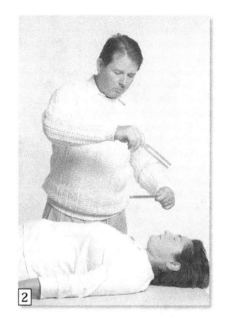

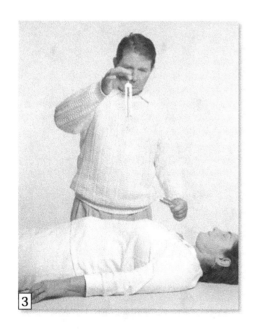

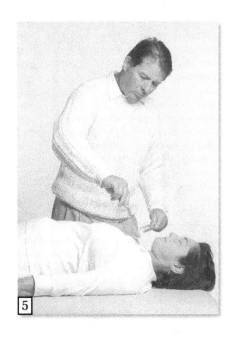

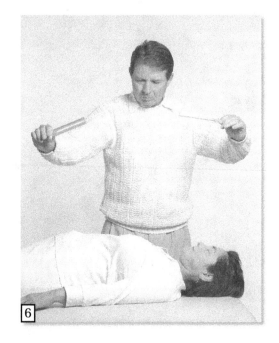

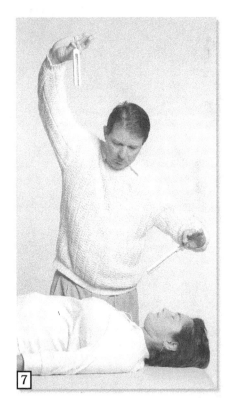

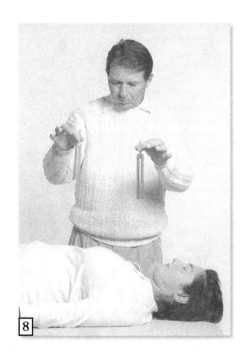

視覚化

視覚化とは音の意図を造りだす行動のことである。治療のための視覚化はフォークが打たれる前にはっきりしていることが必要である。視覚化のない方法は限定されている。視覚化によってチューニング・フォークの音は深い治療経験となる。次の話がこのことを示している。私がインディアナ大学の学生だったとき、ある午後たまたま音楽講堂にいた。その午後ルドルフ・ゼルキンのピアノ演奏会が行われる予定であった。ピアノ調律師がチューニングをしていた。私は幸いホールでただ一人であった。舞台は暗く、私はホールの一番後ろにいた。チューニングの音でうとうと居眠りしそうだった。あるときピアノ調律師が中央のCを何度も何度も叩いたのを思い出す。彼が３０回か４０回も弾くのを聞かなければならなかった。そして２分から３分の静けさがあった。私は知らない間に眠っていた。

　そして静かさの中から私は中央のCを再び聞いたのである。このときはその音が脊椎を震い上げさせた。音は完全に異なっていた、そして同時に音が同じであることも知っていた。そして私はそれを何度も聞いたのである。それはまるでコンサートのようだった。この中央のCが非常に特別な何かをもっていたのである。目を開けて驚いたことに調律師がピアノの横に立っていた。ピアノに座って中央のCを弾いていたのは２０世紀の最も偉大なピアニスト、ルドルフ・ゼルキンだったのである。

1. チューニング・フォークを打つ前に、何をしたいかを視覚化しなさい。例えば、前向きなイメージを視覚化しそのイメージを体で感じる；もっともよいものに光を求める；要素の特性を視覚化、あるいはただ治癒の応答の感じを描く。

2. チューニング・フォークを打ちイメージで感じた感覚が打ちを導き、音と共鳴するようにする。

3. 次に、チューニング・フォークを耳に持っていく。視覚化の感覚をガイドにして体の上に響かせ、あるいは体の上に置く。

受信：音にあなたの振動状態を転移させる

受信とはリラックスして自分あるいは他の人がチューニング・フォークの音をよりよく受信する準備をすることである。受信が必要なことを理解する簡単な方法は緊張した人がコンサートを聞こうとするのを想像することである。音はその人のところに良い技術と視覚化で届く；しかし、内的緊張のせいで完全には受信されない。時と共に、音は緊張を和らげ、より受け入れやすくしてくれるかも知れない。しかし、もしその人がコンサートの前にリラックスし、準備できていれば、もっと音に調和できたはずである。

　治療の技術のなかに、受信を造る多くの方法がある。ここにいくつかのアイデアがある。

1. 自己治療のためには、チューニング・フォークで働く前に、安全な場所に座る。次に、目を閉じて数回深呼吸をする。思考が焦点なく行き来するようにする。必要なら、筋肉グループを伸縮させそしてリラックスさせる。これを数分間繰り返しそしてチューニング・フォークを鳴らす。

2. 他の人の治療のためには、どの身体施療方法も受信の準備になり得る。座っている人の簡単な方法は額を片手で後頭部をもう一方の手で持つ。深呼吸をし、エネルギーが両手の間で脈動するように想像する。これを2から3分間し、そしてチューニング・フォークを鳴らす。

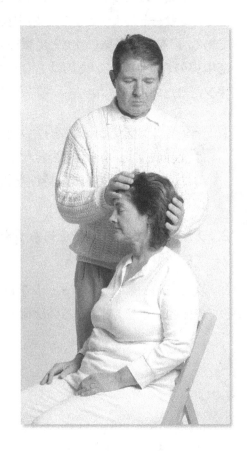

3. 寝た姿勢の人には、頭を両手で揺り動かす。その人が心地よくなり、そして頭が手の中で居心地よく快適であるのを確かめる。これを 2 から 3 分間し、そしてチューニング・フォークを鳴らす。

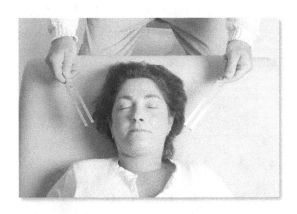

4. 体の準備時間のあと、患者がすでにリラックス状態にあるときに、これからチューニング・フォークを使うことを知らせる。これは正しく知らされていないと音が患者を驚かせる可能性があるからである。何か次のようなことを言う「音を聞くことになります。体を楽にして音に深く浸るようにし、それがあなたの治療のために教えようとすることを学んでください」

5. 精神治療の状況でチューニング・フォークを使うのなら、想像を導くのが受信のための優れた方法である。少ない目の説明が効果的である。例えば、次のように言うことが出来る、「目を閉じてリラックスしてください。ある晴れた日に山のふもとの古い木に向かって座っていると想像してください。深呼吸をして、ある非常に特別な鳥たちがその音を持ってきます。」

ソラー・ハーモニック・スペクトラムの音程探査

音程探査は各音程を学習し個別に経験する機会である。各音程の提示は項に分けられていて各音程の特性を探査し理解するのを助ける。各音程の探査は同じ構成に従っている

音程の名称と比

これは数そして／あるいは名前として与られる。比は 2 つのチューニング・フォークの数学的関係である。

　これは２つの音程を鳴らしているチューニング・フォークの図的表示である。これはリサージュ図形とも呼ばれる。１９世紀中ごろ、フランスの数学者ジュールス・リサージュが実験を考案した。彼は小さな鏡がチューニング・フォークの先端にに取り付けられ、光のビームがそれに向けられると、チューニング・フォークの振動パターンが暗くしたスクリーン上に投影されるのを発見した。

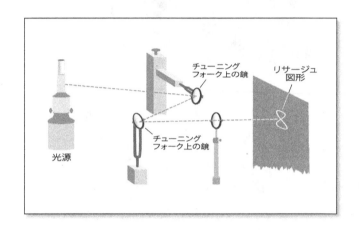

　次に、リサージュは最初のチューニング・フォークの向きを調節し、その鏡からの光を最初のチューニング・フォークに対して正しい角度に置いた第２のチューニング・フォークの先端に取り付けた鏡に向けた。２つの波動が暗幕に投影されると、ピタゴラス音程が美しい形を造りだすのを発見した。今日、リサージュ図形はオシロスコープを用いて造りだされる。

鍵盤

音程はピアノの鍵盤上で示される。音程がピタゴラスのもので、通常の鍵盤のチューニングようにチューニングされていても、鍵盤は音の間の開きの感覚を得る汎用の参考物として提示される。

音程で活性化される元素

この節は元素と音程との関係を述べる。ピタゴラスのチューニング・フォークで作られる音程は、使者の杖の２匹の絡まった蛇のようなものである。ある音程の十字パターンはリサージュ図形に見られる。

　ちょうど使者の杖の絡まった蛇が中性の軸から発生される正極と負極を産んでいるように、チューニング・フォークのトーンも正、負、中性の極で脈動する。

音程の正、負の極性は多くの方法で表される。例えば、拡張（+）と縮小（−）、上昇（+）と下降（−）、上行性（+）と下行性（−）。これらはピタゴラスのコンマと呼ばれる中性の中央から発生される。ピタゴラスのコンマは現代のチューニングのシステムでは除かれている。

　　例えば、空気元素は５度の音程（＋）と４度の音程（−）で活性化される。＋と−の特性を視覚化する方法は、息を吸い、吐くことである。吸入はエネルギーを（−）極の地球方向に動かすことである。新生児がこの世に出たとき、最初の息は吸入でその意識を体に引き込む。空気の呼気は意識を上方に動かしより多くの空間あるいはエーテル（＋）を与える。死ぬとき、最後にすることは空気を吐きそしてユニバーサル・エネルギー場に戻ることである。

　　エーテル元素と地元素との関係は、エーテルが（＋）で地が（−）である。エネルギーはユニバーサル・エネルギー場から負の極すなわち母なる地球に移動する。それは正（＋）極、エーテル、を通じて上方に登り、中性の中心に向かう。この理由から、地はユニゾン、あるいは単一音に対応する。ソラー・ハーモニック・スペクトラムのピタゴラスチューニングされたチューニング・フォークのセットに於いては地は基礎の256 cps のCで代表される。基本Cトーンはさらに１オクターブ低いオットー128に下げられる。地はオットー１２８と共鳴する低い単音としてハミングすることが出来る。

　　これはピタゴラスの音階で明らかに示されている。天国と地球の間の開きを代表しているエーテルと地の元素は、全スケールの正、中性、負の極性を設定する。

　　　　エーテル（＋）――――――――――――――――――地（−）

　　空気、火、水の元素はエーテルと地の正負の極の間で振動する。これが空気、火、水が同じ元素に対して２つの音程を持つ理由である。例えば、空気の正極（＋）は５度の音程、空気の負極（−）は４度の音程である。どちらの音程も空気と共鳴する；しかし、負極は地と結びつき、正極はよりエーテルと結びついている。重要なのは、元素が正か負かではなく、その元素と中性の軸とのバランスである。

　　火の元素は音程６度と３度で活性化される。６度は上行の火である。眠れる預言者エドガー・ケインは、６度のことを高い意識の状態へ上行あるいは上昇する神秘主義者の音程と言っている。３度の音程は地に近い火で日々の活力や動機に関わる。水の元素は７度と２度の音程で活性化される。７度はより高

い創造の過程の音程で、錬金術師に「天国からの滴」と呼ばれる。２度は毎日の
課題への創造的思考を惹き起こす音程である。

音と記録

音の記録は付録Aに有る。音の記録を取り続けることの目的は、各音程の
特性をよりよく知ることが出来るよう経験を整理することである。音程に
ついてよく理解するほど、如何にそれを治療に使うかをよりよく知るだろう。安全
な場所を見つけ、膝打ち、ハミング、オーバートーンの方法を用いて音程につい
て研究することを勧める。ハミングは音程の経験を繋ぎ止め、いつでもチューニ
ング・フォークなしで音程にチューニングできるようにしてくれる。この記録フォー
ムをコピーして各音程の施術につき新しい１ページを造ることを勧める。その
記録で与えられる質問は提案である。自由に新しい問いを見つけ造りなさい

音程

オクターブの音程
天国と地球の間の開き

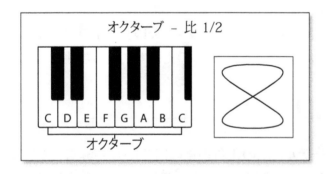

オクターブ － 比 1/2

C D E F G A B C
オクターブ

元素:エーテル
色:青

利点: 空間、広がり、関節の柔軟さ、表現の自由；仙骨と後頭部の平衡保持

オクターブは８を意味する"octa"から来ている。オクターブはCから始ま
り同じ、しかし８音高い、音Cで終わる。オクターブは８つの音：C、D、E、F、
G、A、B、Cを含んでいる。これは西洋音楽の音階を構成している。しかし、オ
クターブの広がりは、８つの音よりもっと大きく、無限の数の可能性と分割を含
んでいる。ギリシャ人はオクターブを「すべてを通じて」を意味する"diapason"と
呼んだ。

オクターブは完全なサイクルの始まりと終わりを意味する。オクターブのサイクルは現代の科学と同様に意識の心理学にとって重要である。仏陀が菩提樹の下で悟りを開いたとき、悟りの気高い8重の道を告げた。偉大なインドの聖人、パタンジャリ、は神と融合するために必要なヨガの8つの手足の形を造りだした。このような精神的なシステムにおいては、オクターブの低い音に相似の地球から始め、悟りへの8つの段階を通って進歩していく。この段階はオクターブの高い音で代表されている。

> オクターブの低い方と高い方の音は反対の極—アルファとオメガ、月と太陽、女と男、陰と陽、母と父を表している。錬金術師の最古の文献の一つとされるヘルメスのエメラルド・メモ板は締めくくりの言葉として「上のごとく、下もまた然り」と総括されている。

言い換えると、オクターブの始まり（下のC）はオクターブの終わり（上のC）と共鳴する。対極の原理は全ての主な宗教において繰り返されている。例えば、キリスト教で神の祈祷者は「汝、天（上）にてするがごとく地（下）でもなすなり」と言う。

科学者はオクターブの原理を多様に使ってきた、ドイツの天文学者、数学者ヨハネス・ケプラーはオクターブ理解に基づいて惑星の動きの法則を発見した。1860年代に、イギリスの化学者、ジョン・ニューランドは全ての化学元素は8つのグループに分類されることを示した。彼の元素周期表は今日どの高校の化学教室に行っても掛けられている。発明家、物理学者のニコライ・テスラは交流発電機を発見し、それが現代の技術革命を解放した。それは彼が宇宙の全てのものがオクターブの法則に従っていることを「見た」という一連の洞察の後のことであった。

今日、海洋生物学者はイルカの高いピッチの音を、人の可聴域に持ってくるのにオクターブを用いて研究している。イルカの歌っているのを録音し、再生のときイルカより1から2オクターブ遅く再生して人が聞けるようにした。天文学者は電波望遠鏡で宇宙の音を聞くのにオクターブ上げたり下げたりして人間の可聴域に持ち込んでいる。人は宇宙の音楽をオクターブの原理を用いて聞くことが出来る。

完全5度の音程:
天に昇る空気

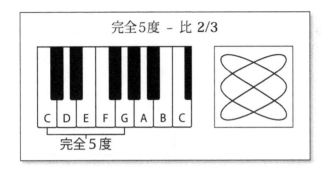

元素:空気 (+)
色:青緑

利点: 抑鬱を高揚させる;関節の可動性;地と精神の平衡保持;一般強壮効果;直接的一酸化窒素の放出;抗バクテリア、抗ビールス、免役強化;心臓平衡保持;脳下垂体、鎮静剤放出と第3脳室のカニボイド受容体部位の平衡保持;蝶形骨平衡保持;交感神経と副交感神経神経システムの平衡保持。

(完全5度の説明は理想神経システムチューニングの章:完全5度参照)

4度音程
地に降りる空気

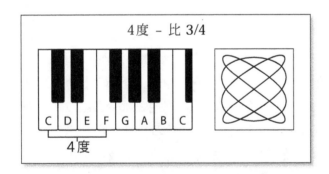

元素:空気 (-)
色:緑

利点: 現実に戻す;異常興奮、脅迫観念、躁の精神状態を鎮静化;下方臓器のバランス;第4脳室の平衡保持と第4脳室への鎮静剤の放出;扁桃体の低下規制;側頭骨の平衡保持と顎関節の解放。4度音程は思考の基礎音程。

　　レオナルド・ダビンチの有名な描画、人体の調和(円と正方形)、はオクターブ、4度と5度の間の関係が図的に示されている。円はオクターブあるいは天を表している。4辺の正方形は地をあらわしている。　男は5度の音程の星形5角形にあるとき天と地のバランスの上にいる。

　オクターブ、4度、5度を弾くことはどの文化にも共通している。グレゴリア聖歌は主としてオクターブ、4度と5度になっている。原始的なドラム奏者は常に1，4，5のリズムを打つ。プピュラー音楽とカウントリー・ウエスタン音楽も同じ数列に基づいている。

6度音程
上行、天に昇る火

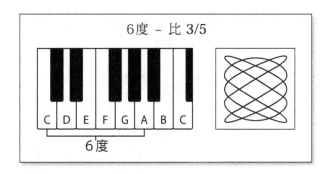

6度 – 比 3/5

C D E F G A B C

6度

元素:火　上向
色:だいだい

利点: 精神的想像力；過去の生活を含む過去の経過を清算し、精神を高揚させた気分で働く；「箱から出る」ことによって問題解決に洞察を与える；松果体を刺激し視覚分子を放出；目のあたりの片頭痛に対策；記憶保持援助

　6度は神秘的な火と精神の高揚の音程である。6度は鳳凰が灰から起こるのに象徴される。錬金術師は6度を「聖なる火」と呼んだ。6度を聞くと心の全ての不純物を焼き払い体を聖なる灰(地)に焼き、精神を高い領域に高揚させると言われている。キリスト教では、6度はキリストの天国への昇天を表す。エドガー・ケイシ―は6度を神秘主義の音程と呼んだ。6度は夢への戸口を開く視覚と発想の音程である。

３度音程
錬金術師の加熱炉、地に下る火

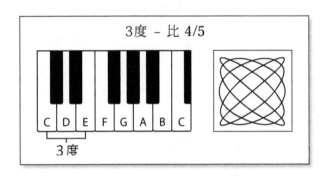

３度 – 比 4/5

3度

元素:火　下降
色:黄

利点: 動機づけ；目的に集中；物事を達成させる；肝臓と上部消化器官の平衡保持；消化促進；性欲改善；横隔膜の平衡保持

　　３度音程は生命の火である。３度は動機づけ目的に向かって動かす内的な火である。３度音程は温め、達成への情熱と共鳴する。気落ちし、やりかけていることに集中する必要があるとき、３度の音程が目覚めさせてくれる。３度は目的を照らし行動をとるよう駆り立てる内的な燃料を燃やす。

　　錬金術師は３度音程を人を熱くし５元素を分離するので錬金の火と呼んだ。それは錬金術師が実験のため錬金の炉の下にくべる火のようなものであった。３度を聞くと内的な錬金の炉を熱し、５元素を活性化し、分離し、ゆっくり目的に転換していく。

７度音程
聖なる露、天に昇る水

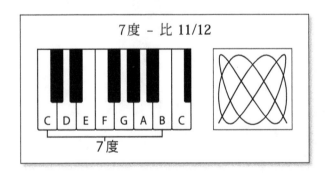

７度 – 比 11/12

7度

元素:水　上向
色：赤オレンジ

利点: 頭頂部骨を平衡保持；頭蓋の縫合を解放する；脳脊髄液の流通；ひらめきを夢に形づくる

　　7度は暖かい流れが上るようなものである。7度はビジョンの核心をより高い領域に運ぶ。聖なる湿りがひらめきと共に振動する。7度は最後の上行音程で少し高いすなわちオクターブに合わさる旅を完結させようとする。

　　錬金術師は7度音程は賢者の石をほぐし入り込む聖なる滴を表すと言った。7度はより純粋な形でのより高いひらめきである。エドガー・ケイシーは7度を「理想の音程」と呼んだ。スライドを通して輝く光を投影するスライド・プロジェクターを想像しなさい。スライドは自分の理想のパターンでスクリーンに投影されるものである。スクリーンは地の自己を表し、光は少し高いオクターブを表している。

　　頭蓋の中で、7度は側頭葉、頭頂骨、脳脊髄の頭蓋縫合と硬膜を通っての液(水)の流れに関連する。7度は前部と中央部の頭頂骨、側頭、後頭の縫合と共鳴し、頭頂骨が花の花弁のように持ち上がり開くようにする。これが起こった時、内的な蒸気が死んだとぐろから放出され第7の円環を通って渦を巻いて立ち上がる。

2度音程
天からの滴、地に落ちる水

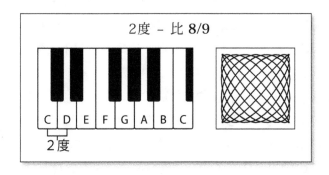

元素:水　下降
色:オレンジ

利点: 生殖-泌尿システムの平衡保持;リンパ腺を放出するよう刺激;創造的思考の強化と循環思考過程の停止;卵巣の平衡保持;受精促進と胎児の子宮壁への定着強化;性的興奮を強化し関係を結合する。

　　2度は創造性と結合の音程である。火が結合を溶かすが、2度は結合を造る。理想的に、2度はより高い理想を産み出す。子へ結合する母親、あるいはそのビジョンを明白に示す芸術家に表される。錬金術師は2度を「天からの滴」と呼んだ。それは理想パターンに埋め込まれた水のようなものだからであった。

　　2度を聞くと不協和に聞こえる。これは趣味の問題である。時間をとって、リラックスし、2度音程が造りだす広がりに入り込みなさい。

ユニゾン:
母なる地

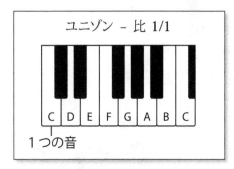

ユニゾン – 比 1/1

C D E F G A B C

1つの音

元素:地
色:赤

利点: 感情の定着；対をなさない神経節を刺激し、交感神経／副交感神経システムのバランスを取る；中央化、散漫な思考を追い払う；回腸弁と下部腸管の平衡保持；会陰底部のリラックス；生理痛、月経、筋肉、結腸けいれん、結腸炎を改善

　　ユニゾンは音程ではない。それは両耳で聞く一つのトーンである。ユニゾンを造るのにいくつかの方法を使える。最初の方法は低いピッチの音をハミングすることである。第2の方法はC256を打ちそして一つの耳に、そしてもう一方に耳へ持っていくことである。第3のそして最良の方法は2つのオットー128チューニング・フォークを使うことである。(オットー・チューニング・フォークの章を参照。)

　　ユニゾンはオクターブの低い音で上の音を含まない。ユニゾンは地面である。農夫が土を手に取って、その暖かさを感じ、深い香りを嗅ぐとき、彼は地と一体になる。これがユニゾンである。一つになるのである。我々は合体している。

　　地のユニゾンは低い音あるいは単音である。長く低いトーンを聞くと体の中に入る。大地にいることを感じる。理想的には、ユニゾンは低いピッチのずっと続く単音であるべきである。

元素の旅　間奏曲

始まりの前　存在する前を想像すると、脈動し、起伏するユニバーサル・エネルギーの大洋の中に漂っていたことだろう。あなたの可能性は限界がなく、自由で、楽にどの方向にもどの次元にも拡大できる。ある日、雛が卵から孵るように、蛹から孵った蝶のように、あるいは暗い森から去ったパルジファルのようになる。

宇宙旅行のときだと悟る。直ちに可能性は縮小しそして人間として妊娠される。我々は永遠に進化し自身を音あるいはユニバーサル・エネルギー場の偉大な大洋に沿って成長すると期待するのである。

エーテル　最初の陣痛から拡大しエーテルの空間に入る。あなたの自由な精神は空間のなかに形としてエーテル化を始める。前には可能性があった。そしていまは実在している。ここで初めて境界の始まりを経験し始める。境界がなんであるかわかっていない。しかし、自分の空間に範囲があることを知る。そして最初の感情—悲しみを経験する。無垢の可能性を失っている、そして悲しみはあまりに大きく耐えられない。戻りたいと望むが、戻ることはできない。

空気　エーテルは選択の余地なく収縮させ、そして拡大する。あなたは宇宙を呼吸し、空気の元素を発見する。初めて、欲望の感情を感じる。あなたは精神を戻したいと望み、すべてが以前のようにあって欲しいと望む。あなたの精神を求めて探索が始まる、至る所をできるだけ速く見て回る。欲望が高まり全ての方角に探し続ける。

火　あなたは大きくなり、一時の休息がある。再び収縮があり、あなたの探索はあまりに興奮しているので動きがエーテル物質をこすり、摩擦を生じ、火の元素に入る。熱はあなたの可能性を見つけられない強い消耗する欲求不満とともにどんどん積み上がる。あなたは燃えている。初めて怒りの感情を感じる。火と怒りは強まる一方でついには原始の叫び：「私の精神をかえせ！」となる。

水　エネルギーは大きくなり、可能性に戻れたように思えて解放された感じがあった。すると、警告もなく、再び収縮が起こり、水の元素に入る。火の強まった熱はエーテル物質を溶かし空気中に収縮し、それを水に変えたのであった。全てが鎮まり始め、水の原子はあなたの失った精神の形を取り始めた。直ちにあなたは愛着の感情を感じる。あなたが作ったイメージに恋をし、ナルシスのように水に反射しているイメージを見つめる。あなたは恍惚状態になる。

地　あなたはリラックスし、拡大し、そして不本意ながら再び縮小する。あなたのイメージを忘れることが出来ず再び精神を失う。自動的に、怖れの感情を感じ、あなたのイメージに掴まろうとして小さくなる。怖れはイメージを引き寄せそれにしっかりした形を与える。あなたのイメージは現実のものとなり、あなたは地の元素を経験している。

ピタゴラス・チューニング・フォークを用いた5元素チューニング・フォーク施術の創造

チューニング・フォークで元素施術を構成するにはまず元素の評価が必要で、それから自身あるいはあなたが取り組んでいる人に合った元素の組み合わせを選ぶ。元素の評価に定まった形式はない。元素の動きは移動し、常に変化する自己、外部環境、とユニバーサル・エネルギー場の間の元素の相互作用である。ある瞬間に各元素に入れるのは個々人の能力だけである。

病気は元素の柔軟性が失われたときに起こる。元素の転移がおこらなかったときには、自然な表現を求めているその元素は留まり抑圧される。心にもその進行が始まる。心は元素の指揮者である。心が中立である時は、どの元素も必要に応じて動き回る。心が責められていると、その中立性は失われ、1つあるいは複数の元素が抑圧されてしまう。

元素は良くなくあるいは悪くなる。自然にはモラルも倫理もない。心がモラルと倫理を造り、元素の動きがそれに寄り添ったり寄り添わなかったりするのである。これらモラルは信念のシステムとなることが出来、行動の判断と制限に繋がる。例えば、個人はやかましいのは「悪」と判断するから声を上げないだろう。そして、その父親のようにはならないだろう。元素のレベルで言えば、彼は火の元素は悪と判断する；だから、意識的にも無意識的にも火の表現を避ける。外面では、礼儀正しく静かにしている。どのような状況においても大声を出さないだろう。元素が抑圧されると、個人にとって非生産的かも知れない他の形の表現を求める。上の例では、火はいずれは潰瘍の形で身体的表現を見つけた。潰瘍はその人を苛立たせ、ついには「叫びたい」と言った。

チューニング・フォークは元素と共鳴し元素のパターンを創造する。パターンに注目したとき、元素の評価、正しい視覚化、良い技術に基づいて、元素の共鳴は心に力を与えよりよい元素の指揮を行える。5元素の評価には多くの異なった方法がある。全ては有効で元素施療の創造に使える。究極的には、それらの研究を1つの方法としてまとめよう。学習のため、評価方法が各元素について示される。

方法1：ソラー・ハーモニック・スペクトラムのチューニング・フォークを用いた5元素施療

5元素チューニング・フォーク施療を構成する第1の方法は手順を用いる。手順による施療では5元素を望む結果を支持するように5元素を組み合わせる。手順による施療は実施するのが容易で個別元素の施療を構成する学習のために優れた方法である。手順の施療を行うとき、視覚化し、チューニング・フォークを鳴らす前に望む結果で感じた感覚に集中する。チューニング・フォークを鳴らすことだけでも効果があるだろう；しかし、視覚化は治癒反応を産み出すために重要である。

　手順は膝打ちあるいはオーバートーン打ち（ソラー・ハーモニック・スペクトラムの章を参照）を使う。膝打ち技術を用いるときは、それらを1つの耳から他方へそして再び戻るよう切り替えることでチューニング・フォークを十字交差する。例えば、もしCが左耳にGが右耳に保持されていると、次の打ちではCを右耳にFを左耳に保持する。交差パターンは手順の間中続ける。ある手順を延長したければ、各音程でクロスする。Cを左耳にGを右耳に、そして次の音程に進む前にCを右耳にGを左耳にとクロスする。

　オーバートーン技術を用いるときには、フォークはどの順番に打ってもいい、お互いに合奏して響かせればよいのである。256フォークを音の場のエネルギーを指揮するために使い、フォークを種々の方向に動かす。チューニング・フォークの動きの方向を決めて種々のオーバートーンを取り出すことが出来る。一般に、あなたの耳をこの方法のガイドとすればよい。

神経システムの平衡保持と幸福：：手順番号1

- 5度 C－G
- 4度 C－F
- 6度 C－A
- 5度 C－G

これは私の気に入っている手順だ、というのはグレゴリア聖歌に非常に似ているからである。疑問が生じたら、いつもこの手順を使うとよい。5度は空気元素の平衡を保持して心の明晰さと神経システムの同調を得る。4度はさらに空気元素をバランスさせ、差し迫った物質主義的な思考や必要性を落ち着かせる。6度は精神的な洞察を与え、夢に至るエネルギーを新たにしてくれる。5度は全てを平衡と集中に戻す。

動機付け：：手順番号2

- 5度　C－G
- 3度　C－E
- 6度　C－A
- 5度　C－G
- 3度　C－E

　5度は空気と神経システムをバランスさせる。空気は3度を元気づけ。3度は目的の動機づけをする下降火を活性化する。6度は興奮と現状打破の上昇火を活性化する。5度は空気元素を再度バランスさせ3度を元気づけて機運が前進を続けるようにする。

ますます高まる創造性：：手順番号3

- 5度　C－G
- 7度　C－B
- 2度　C－D
- 6度　C－A
- 5度　C－G

　5度は空気を活性化し心と神経システムを平衡保持する。7度は上昇する水が創造の源へ導く。2度は下降水が上昇水の基礎を与え、それが日常の現実に創造的な衝撃をもたらす。6度は上昇する空気を活性化して水を創造的なビジョンで加熱する。5度は神経システムを再度バランスさせ、アイデアと集中をもたらして創造的刺激に焦点を集める。

生活の方向付け：：手順番号4

- ユニゾンオットー128とオットー128さらに/あるいは低い単音のハミング
- オクターブ　C–C512
- 6度　C–A
- 6度　C–A
- 5度　C–G
- 3度　C–E

ユニゾンのオットー128そして／あるいは低い単音をハミングすると強固な地の基礎を造る。オクターブは空間を開き、6度は2回繰り返してビジョンと洞察を与える。5度はビジョンと洞察をバランス状態に戻し、そして3度は行動を促す。

不安を鎮める：：手順番号5

- オクターブ　　C－C512
- 4度　　　　　C－F
- 5度　　　　　C－G
- 4度　　　　　C－F
- ユニゾン オットー128とオットー128そして／あるいは低い単音をハミングする

ユニゾンのオットー128そして／あるいは低い単音をハミングするとエーテル空間を造り、思考をより私心の無いものにする。4度は日常の思考のバランスを取る。5度は思考パターンをユニバーサル・エネルギー場に寄り添う新しいパターンに変える。ユニゾンの地のトーンは保証と安全の感覚をもたらす。

夢見る：：手順番号6

- 3度　C－E
- 5度　C－G
- 6度　C－A
- 5度　C－G

3度は日の火をバランスさせ、余分な空気を燃やす。5度は空気を眠りのためにバランスさせる。6度はポジティブな夢を示唆し、それは5度の空気の特性で強化される。

良質の眠り：：手順番号7

- 3度　C－E
- 4度　C－F
- 2度　C－D
- 5度　C－G

3度は日の火をバランスさせ、余分な空気を燃やす。4度は日々の思考の空気のバランスを取る。2度は物理的な癒しを狙って体に留意するように仕向ける。そして5度は癒しの過程を強化するように新しい思考パターンをもたらす。

消化のバランス：：手順番号8

- 3度　　　　C－E
- 4度　　　　C－F
- オクターブ　C－C512
- 5度　　　　C－G

　3度の火は日中のストレスから余分な火のペースを緩める。4度は空気、消化経路の空気元素のバランスを取る。オクターブはぜんどう運動にもう少しゆとりを与える。5度は神経システムを最適な消化のために再度バランスを取る。手順はオーバートーン技術を用いるときには、消化経路の上で行うようにする。さらに、オットー128はASIS（尻の骨の頂上あるいは上前腸骨棘）あるいは消化経路に沿って用いる。（骨音響チューニング・フォークの章を参照。）

塞ぎ込みを伴う喪失／悲しみ：：手順番号9

- オクターブ　C－C512
- 6度　　　　C－A
- 4度　　　　C－F
- 5度　　　　C－G

オクターブはエーテルの空間を開き、6度は思考が精神領域に向かい続ける火のペースを抑える。4度はそういった思考のバランスを整え地と理解に向かわせる。5度は喪失と地の間のバランスの全体的な感覚をもたらし、エネルギーが必要に応じ前後に自由に動けるようにする。

怒りに向かう性向のある喪失／悲しみ：：手順番号10

- オクターブ　C－C512
- 3度　　　　C－E
- 7度　　　　C－B
- 4度　　　　C－F

オクターブはエーテルの空間を開き、3度は火／怒りのペースを抑える。7度は水を呼び、怒りへの洞察を鎮静する。4度は思考を再組織し怒りを理解する新しい展望を促す。

基礎固め：：手順番号11

- ユニゾン　　C128－C128（あるいは低い単チューニングをハミング）
- 4度　　　　C－F
- ユニゾン　　C128－C128

方法Ⅱ：直感

元素チューニング・フォーク施療の第2の方法はあなたの直感を用いる。直感方法では、エネルギーに注目し、どの元素が必要かを求める。直感という語は意識的な理由づけなく何かを直ちに理解する能力を意味する。これは中世の英国から来ていて霊的洞察あるいは即時の霊的通信のことを表している。直感を用いる構造は次のようである。

1. 安全な場所にいることを確認する。

2. リラックスして心を開く。施療中、直感的情報はあなたの意識の中にいつでも入りこむ可能性がある。これは施療者がリラックスし、情報を受け入れるときにのみ起こる。

3. 最高品質の光を求める。これは安全な情報のみが直感的通信を通じてくるのを許されるようにするフィルターとして働く。あなたはそこを通じてくるものが何であれそのとき治療に良いものだと信頼しなければならない。

4. 元素に注目し、あなたの直感が受け止めるのに最も重要なのは何かを問う。答えにオープンであることである。直感は素早く働く。「火と水」と得て理由は分らないかも知れない。尋ねたり判断してはいけない。ただ得たもので進めるのみである。例えば、火の絵、暖かさの感じ、水を温める火、あるいは内からの声が「火と水で行こう」と言う簡単な命令を得るかも知れない。このとき、火と水を強調する元素の施療を構成するのである。

5. 元素特性の＋か－を選択するには、ただ聞く。例えば、火を得たなら、それは＋か－かと聞けばよいのである。強い「肯定」あるいは「肯定」の感じを得たならそれで行けばよいのである。

方法Ⅲ：チューニング・イン

元素チューニング・フォーク施療を造る第3の方法はチューニング・インと呼ばれる。この方法はチューニングして元素特性の「トーンを感じる」のを察知することでエネルギーの動きを感じとる能力に頼っている。例えば、地は空気の直ぐに移りやすい感じとは対照的にゆっくりした感じがある。ある元素にチューニングすることで、チューニング・フォーク施療を創るのに使える元素評価に到達できる。

1. 各チャクラの上にかざしてその元素のエネルギーにチューニングする。

2. エネルギーを1から10までに（1は最小の強度、10は細動の強度）点を付ける。これを各元素について行い、頂上と谷をグラフなどで視覚化する。必要と感じたら戻って再度チャクラを再評価する。

3. 同時に元素のエネルギー特性を感じとる。例えば、火は燃え盛る火か、赤熱して光を放っているか、火花か、非常に弱く、見つけるのがむつかしいほどか、と言った区別である。各元素についてこれを行い、その中で特性が＋かーか、すなわち、火の元素で言えば6度か3度かのどちらを使うかを決める。

4. 元素の筋書きを創る。これはあなたの元素推定と一致している。暖かさを放射している輝く火（3度火ー）が大きな部屋（オクターブ・エーテル）にあるのを視覚化するかも知れない。あるいは自由に流れる滝を視覚化して心が音と共に旅し（＋　水　7度）それはある暖かい日の照る日（＋　火　6度）なのかも知れない。

5. 上記の情報に基づいて元素施療の方略を創る。2つの基礎的な方略は：

   方略1：　最も弱い元素で行う。例えば、最も弱い元素が水とすると、水元素を強化するチューニング・フォーク施療を与える。

   方略2：　最も強い元素で行い、それから最も弱い元素に移る。例えば、火が強く空気は弱いなら火の元素からはじめ、そして施療の間に空気元素に導く。この方略は「降ろしと引上げ」と呼ばれ る。

方法IV：尋ねる

元素チューニング・フォーク施療を造る第4の方法は、あなたまたはあなたが扱っている人がちょうど今必要としている元素は何かを尋ねるものである。それは自分のためあるいはほかの人のための買い物の様なものである。あなたはあなたが何かを必要なのを知っている。そしてあなたのニーズに合う製品を見つけるまで製品を探し回る。この場合、そのエネルギーにチューニングしそして尋ねる、「どの元素が必要なのか？」例えば、目的に到達するのに興奮しているなら、これは火の元素で支持されている、もしあなたが目的を明確には定義できていないなら、地と＋火で施療したいかもしれない。目的が定義されていると－の火（3度）も有効だろう。あるいは、創造的な目的と動機づけの力がわき出るように創造的な流れを創ろうとして火と水を混ぜることを選ぶかもしれない。あなたが選んだ1つまたは複数の元素が合っていることを確かめる。あなたが何かを買い物するとき、何かが「ピンと来て」、内での知識があるから、それが「正しい」ことを知っている。あなたがその元素に目をつけあなたの生活のために正しい元素の組み合わせを視覚化すると、同じ過程が起こるだろう。元素とその特性がちょうど正しいなら、内部の知識があるだろう。

方法V：元素物語解析

元素物語解析は各元素のための行動特性についての知識に基づいて元素パターンを論理的に推論するものである。ある物語、物語の断片、夢、あるいは幻想と言ったものがそのテーマと含まれる語に基づいて元素的に解析される。ここにいくつかの例がある。

- 物語：私の友達が私を残した
  一般的テーマ：喪失
  基本的元素：エーテル
  語／句とテーマ：私の友達；絆、近さ；水元素
  強く現れていない元素：空気、火、地

- 物語：私は訓練機械でできるのと同じくらいに速くいきたい
  一般的テーマ：動機づけ／自己駆動
  基本的元素：空気を伴う火
  語／句　テーマ：なし
  強く現れていない元素：エーテル、水、と地

- 物語：まず映画に行きたい、そして家にいたい、そして私たちはボウリングに行くこともできるし、あるいは何か食べるものを取るべきだわ

  一般的テーマ：同時にすべきたくさんの物事

  基本的元素：火を伴う空気

  語／句　テーマ：私と私たち；友情と行動。最初にしたいと最後にしたい；空気中の水

  現れていない元素：エーテル、地

- 物語：私はそのピアノを弾きたい。

  一般的テーマ：自分にとって重要な何かをする

  基本的元素：火を伴う空気

  「…したい」の語があるため空気元素は基本的である。したいはまだ実現していない願望である。

  語／句　テーマ：「私はそのピアノを弾きたい」は未来の行動、かつピアノを弾いている未来の自己の内的視覚化を意味する。視覚化は火、ピアノを学ぶ動機付けの創造力を要求する。

  現れていない元素：エーテル、地、水

  元素論議：ピアノを弾けるときどの元素に行き着くだろうか？ピアノを弾くことは創造的表現（水）を強化する技能（地）を意味する。あるいは、ピアノを弾くことは「見られ聞かれる」ためのテーマである。（火―そこに行く）

他の人のための施療を創るとき、そのプロセスはその人のニーズの知識とその知識を元素に翻訳する能力に依存する。ニーズのレベルがあり、そういったニーズに合致する元素の何層にも重なった組み合わせがある。再び、これは買い物に似ている。店はさまざまな時の何千ものニーズに合致するように製品で詰まっている。ある製品は役に立ちさらに次のレベルのニーズに繋がる。例えば、正しい芝生刈り機を見つけそれでその仕事をするのには雑草叩き機が必要と知ることに終わったということがある。同様なことが元素にもある。あなたが受け取る物に基づいて組み合わせを創るが、それが結局他の組み合わせに移ることがある。

無響反射

無響室に長時間座った後通常の現実の感覚を失った。チューニング・フォークの音は何か異なった現実に連れ去ってしまったのである。そのとき、チューニング・フォークの音がまるで多くの現実がその中に埋め込まれた搬送波のようになっているラジオ局のように感じられた。音程の中に入りこむと、現実の中に現実がある経験をした。私は私自身、音、そして現実の真の性質について教えてくれた多くの先生や賢人に会った。

　無響室の外では、別の現実とのつながりが続いていた。まるで無響室が教育の場であるかの様だった。教訓が得られると、いつでもそれを別の現実に移すことが出来た。別現実での経験が夢（白昼夢）の中で続いていることがあった。あるいは通常現実で何かに気が付くと突然別の現実に移ってしまうような形でも起こった。いくつかの現実に同時にいるのは普通ではない。このようなことは１９７４年の夏私の無響室の経験がピークになった時に起こった。

　私は２人の友達とニューヨークの通りを歩いていた。トラックはエンジンを掛けたまま停車し、木箱を降ろしていた。トラックの音の何かが私を捉えた。友達に私が座り込んでトラックの音をもっと深く聞くので、安全なように見ていてくれないかと頼んだ。安全なところに座り込んで体と心をリラックスできるようにした。トラックの音は明瞭なリズムをなしていた：ダ−ダ−ダ−−−ブーン、ダ−ダ−ダ−−−ブーン、など。私は自身を音と共に行かせた。最初、インディアナ州の十代の子供でドラッグ・レース（訳注：４分の１マイルのスピード・レース）をするのをイメージした。そしてエンジンの空吹かしを聞いていた。私はこのような音に魅せられたことを思い出し、レース・カーをドライブするのを想像した。

　さらに深く音に聞き入っていると、自分がその振動の「中に移る」ように感じた。私の想像と記憶は新しい興奮を伴っていまだに現れていたのである。しばしの間、深い静かさと静止が訪れ、私は音になりきったのを経験した。

　私の自覚にシフトがあり、自分がオーストラリアのアポリジニ先住民の歌手といるのを見つけた。彼らは「夢の時間」について話しかけていた。つい先ほどトラックといたのと同様に、非常に鮮明に彼らといた。私は彼らのメッセージに吸収されるままにしていた。ある老人が彼らが砂漠に移動しなければならないと示していた。私は了解した。

　その瞬間に、友達が私の肩をたたいた。私はニューヨークの街路の現実に戻った。トラックは既に走り去っていた。

音、意識、とフィボナッチ
チューニング・フォーク

フ　ィボナッチ・チューニング・フォークは蝶形骨／下垂体枢軸から松果体に
　　至る経路に共鳴するよう設計されている。主な目的は別現実への門戸を
開き、創造的治療反応を強化するため、意識の高まった状態を探ることである。
この理由から、これらが優れた治療器具であり、特に創造性、ビジョンの探索、依
存症、トラウマの治療についての施療に用いると有効である。

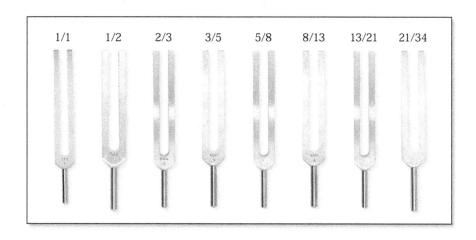

これは貝殻に見られる渦巻きに基づいている。貝殻を耳に当てその音を聞
くと、ドロシーが熱帯性低気圧の渦巻きに乗ってオズ
の別世界へ行くのに似ている。貝殻の中に、現実の中
の現実を見出すのである。何時間もかけて海岸を歩
き貝殻を集めてその音に聞き入ることが出来る。
　　貝殻の渦はフィボナッチ数列と呼ばれる数列に
変換でき、それはさらにあるセットのチューニング・フ
ォークに変換できる。フィボナッチ数列はゼロと１か
ら始まり、自身の加算によって大きくなっていく。数列の最後の２つが加算され
て次の項を産む。ここに具体的に示す。0+1=1,1+1=2,1+2=3, 以下同様にして
次のようになる：

　　　　　0, 1, 1, 2, 3, 5, 8, 13, 21, 34, 55, 89, 144 …

　フィボナッチ数列の数は音程の関係によってチューニング・フォークの音に変換される。フィボナッチ音程は、数列に於いてその隣の数で割って得られる。例えば、2/3はフィボナッチ比だ、3/5、5/8と8/13などが同じくそうである。

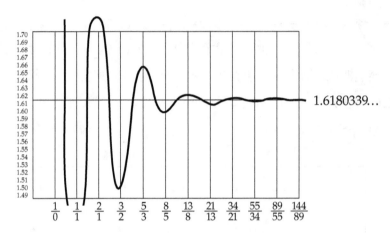

　音程ははるか上に上がったパルスから始まり、そして中央ラインの下に行く。音程の脈動が細かくなるにつれどんどん中央ラインに近づく。しかし、中央ラインは音程や脈動のはるか先なので、決して中央ラインに合わさってしまうことは無い。中央ラインは渦巻きの中心である。
　次の一覧が音程とそれに同等な数値である。

$$
\begin{aligned}
1/1 &= 1 \\
1/2 &= 0.5000 \\
2/3 &= 0.66666 \\
3/5 &= 0.60000 \\
5/8 &= 0.62500 \\
8/13 &= 0.615384 \\
13/21 &= 0.619047 \\
21/34 &= 0.617647 \\
34/55 &= 0.618055
\end{aligned}
$$

　この続きをさらに続けるほど、数値は黄金の中庸として知られる数学的／精神的な比率に寄り添っていく。数学者は黄金の中庸を数値で定義する；しかし、それは「正しい比率」あるいは「ハーモニー」という本能的な感覚以上のものである。黄金の中庸に与えられた数値は.618339887…nである。この点々と文字nは黄金の中庸の数値は何の規則的順序もなく永遠に続くことを意味している。数学者はこれを無理数と呼ぶ。我々はこの数値を渦巻きと捉える。

　黄金の中庸は黄金比、黄金分割、完全分割、神の比率そして単にギリシャ文字ファイΦと言った多くの名前で呼ばれている。我々は完全5度の調和を通じて直感的に黄金の中庸の渦巻きに入った。同様に貝殻の渦巻きあるいは渦を巻く銀河系の中に視覚的に経験できる。

　黄金の中庸で作られる渦の中心は静止点である。静止点は「実在の無い」あるいは形の無いエネルギーの場所である。今日科学者たちはこれを「ゼロ点」と呼ぶだろう。

　黄金の中庸の渦巻きは人体の至る所に見られる。胎芽、心臓、そして耳が特に興味深い。胎芽は生命に向かって文字通り回転するので、渦巻き状の力の線に沿って成長する。心臓は正しく解剖されると、渦巻き状で展開される。

　外耳と蝸牛と呼ばれる内耳は渦巻きの中の渦巻きを創りだす。外耳は胎芽に似ていて、耳鍼治療師に全身の地図として使われる。体の中の体は渦巻きの中の渦巻きと同様永遠に続く。体の治療師は体の部分を通じて全身を処置する技法を反射学と呼ぶ。多くの例で、結腸のけいれんを治療するために耳の結腸の点で処置する方が直接結腸で処置するより効果的である。

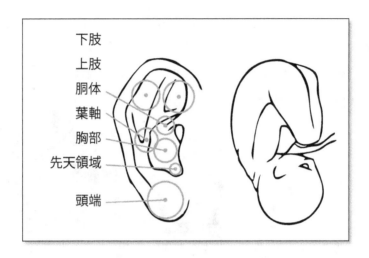

　同様の渦巻き原理が別現実についても当てはまる。各々の別現実はユニバーサル・エネルギー場と繋がっている渦巻き中心の静止点の周りを渦を巻いて回転している場所なのである。多くの例で治療の効果を上げるために別現実で処置する方が通常現実の中で行うより効果的かも知れない。これは反射学の治療師が足のつぼに触れることで全身の中での治癒に影響を及ぼすと全く同じである。全てはユニバーサル・エネルギー場のなかで繋がり渦巻いている；従って、別現実で処置することは全ての現実に反射される。

　施療師が別現実を使うことはトラウマ、虐待、そして依存症の場合に示唆される。これらのケースでは通常現実があまりに苦痛を伴うので人々は自身を保護するためにトラウマ、虐待、依存症を別現実に転移する手段として使う。行き着いた別現実では、賢明な教師、軽快な生き物、力強い動物、そして魔法の世界の経験と話すことが出来る。こういった現実はしばしば偉大な音楽、絵画、詩、そして科学上の発見の源である。ベートーベンは繰り返しアルコール中毒の父親に殴られ、後ほど夢見るような状態で森をさまよい美しい音楽を聴いた。

　1960年代に別現実の経験はLSD、メスカリン、そしてサイロシビンの様な幻覚剤、さらにはマリファナとアヘンと結びついた。これらの物質は当時の正常文化に対抗する反抗として使われた。通常現実と幻覚剤を摂取した後での別の現実の間の転移は「ハイになる」とか「トリップ」と呼ばれた。通常現実へ戻る転移は「つぶれ（薬切れ）」と呼ばれた。言い換えると、現実間の転移はすんなりとは行かず、心と体はその代償を払わなければならなかった。これは別現実へ転移するための幻覚剤、マリファナやアヘンの使用は正しい知識なくしては、よくてう

ぶ、多くは悲劇であった。現実間の転移のための幻覚剤を摂取することは誰かを何か違うものを見るためにこん棒で打つようなものである。時には効果があるかもしれないが、どれだけの代償を払ってのことか?

　1969−1977の期間私が何百もの悪いトリップの物理的、精神的効果を観察した精神病院で処置された代償をある程度知っている。別現実が幻覚剤、マリファナ、アヘンを伴っていると心が転移する能力に制限が生じ、依存の形となる。カルロス・カスタネダの『ドン・ファンの教え』[2] はこの点をよく描いている。カルロス・カスタネダは、土着の植物の治療を研究する文化人類学者であったが、ドン・ファンと名乗るヤッキの祈祷師の見習いをした。見習いの初めに、ドン・ファンは幻覚植物を用いてカルロス・カスタネダを魔術師の世界へ引き込んだ。見習いの後期に、ドン・ファンはカルロスに別の状態を得るために必ずしもその植物を摂取しなくてもよいことを教えた。彼はカルロスが鈍感なのに彼の世界を引き起こす必要があったため植物の根を選んだのだった。その時以降カルロス・カスタネダはその他の幻覚植物を摂取することは無かったが、しかし驚くべき別状態の経験は続いた。

　薬を摂取すること、あるいは虐待を経験したこと、依存症、そしてトラウマによって別現実を学んだ人々と接するときには、彼らの別現実の経験を尊重し、そして転移のためのフォークの使用など他の方法について教えることが重要である。言い換えると、問題は別現実ではなく、転移の方法なのである。あまりにも多くのケースで、別現実が現実ではないと退けられ、依存症や虐待とトラウマへ逃避するのを助長していると見なされている。大切なのは、転移の方法を止めさせ、そこに至るよりよい方法を見つけることである。転移の方法がそれに代わる良い方法もなく停止させられると、その人たちは良くとも悪くとも他の方法を探すだけである。

　12ステップのプログラムが依存症を扱うため、５０年にわたって効果的に使われてきた。第１のステップはこう言う:「依存症、すなわちアルコール、ギャンブル、薬、に対して我々は無能であること、そして我々の生活は管理できなくなったことを認めた。」このステップは我々に転移の方法、すなわち薬、はもはや全生活と共鳴して働かないことを教える。

---

[2]Carlos Castaneda. *Tales of Power*. New York: Simon & Schuster, 1971.

　第２のステップはこう言う：「我々自身より大きな力により、我々が健全さを取り戻すことが出来るだろうと信じるに至った。」このステップは今我々が見ている見方より現実ははるかに大きいのだということ、我々の現在の転移の方法に頼ればもっと大きな現実に近づくことができることを我々に教えている。取るべき唯一の方法は信頼することである。信頼は非常に長い間逃げ込み場所であった別現実が失われるかのようにみえるので難しい。

　第３ステップはこう言う：「我々は我々の意志と我々の生活を変え、我々が神を理解しているので神の配慮に従うと決めた。」このステップはユニバーサル・エネルギー場へ転移する新しい方法の創造に身を任せる。その場が使えるようになったとき、ある現実から他の現実への転移はある場所から他の場所へドライブするのと同じくらいたやすいことである。場の力でもってすれば、ことは正しい考えを持つことに過ぎない、そしてエネルギーはついてくる。太極拳の古典は「思考はエネルギーを従える」と言う。

　フィボナッチ・チューニング・フォークはユニバーサル・エネルギー場に正確に寄り添っている「音の思考」である。１２段階の展望から、チューニング・フォークの音は新しい神経経路を呼び起こし、人をより高いパワーに導く。フィボナッチ・チューニング・フォークの各音程はその周波数に共鳴する新しい現実を活性化する渦巻きの一回転に対応する。別の現実が音で可能になることを理解すると、トラウマ、虐待、薬に頼るより簡単なはずである。アルコール患者がフィボナッチ音の処置の後、「飲むより良かった」と言うのを聞き、あるいは薬依存者が「おう、これはハイだった」と言うのを聞くのは珍しくない。

　私は一度ヘロイン依存者をチューニング・フォークと耳の鍼治療の組み合わせで処置したことがある。彼は毎日一度処置のために来た。ある日いつにない震えを伴って来た。何が起こったのかと聞いた。彼はもう２週間もヘロインを取らずに来たことに気付き、それが怖くなったのだと言った。私はむしろ彼がただ中止し戻ることがなかったのは素晴らしいことだと思った。それは音と鍼治療の処置で経験している現実は彼の必要性にヘロインよりよく合致していたからである。

別の現実への転移

別現実への転移の仕方を学ぶときの鍵は、意識研究者たちが言うセット、設定と方法である。セットは転移の第１の原理であって、別現実への転移に必要な心理的、物理的準備である。設定は別現実への転移の第２原理であり、転移のための正しい環境のことを指している。方法は別現実への転移の第

3の原理であり、転移の方法、すなわち、フィボナッチ・チューニング・フォークのことを指している

セット

セットは転移の目的を理解することから始まる。目的を理解することは同等な別の現実と共鳴する心のトーンをセットする。治療や幸福の目的のいくつかの例はこのような物かも知れない：

- 創造性を強化する
- 変化を起こすために病気の原因を見つける
- 関係を改善する
- 夢見ることを強化する
- 依存症を治す
- トラウマを治す
- よりよい競技者になる
- 問題解決の新しいアイデアを見つける

　これらの積極的な結果の目的を「ハイになる」ことの目的と比較する。「ハイになる」ことは娯楽の一つに過ぎないという議論もあるかもしれないが、問題は「ハイになる」ことがはっきりとは定義されていないことである。なぜ人はハイになることを望むのか？もしハイになることが娯楽のためであるのなら、正しい目的は休養と気晴らしのため休暇を取ることかもしれない。「ハイになる」事と言う目的を持った転移はルーレットの輪を回し何か有益な結果を期待しているようなものである。たとえば、もし転移している人が無意識に未解決の葛藤を持っているとすると、それは別の現実に現れ、彼の防衛を打ち負かしてしまうかも知れない。これは1960年代に「悪いトリップ」と呼ばれたものである。

　セットの物理的な部分では体がリラックスしていることが求められる。より意識と計画的なくつろぎの状態であれば、さらによい。くつろぎの意図は完全５度音程と共鳴し、さらに詳しく理想神経システムチューニングの章で議論される。リラックスしていることの肝心な理由は簡単である。リラックスできずほっておけないストレスの一日の後コンサートに行くことを想像しよう。音楽は素晴らしいところにあなたを連れて行く可能性を持っている、しかしあなたの体がストレスの現実に縛られているため、あなたにはそのようにならない。くつろぎ解放されていればいるほど、もっと音がその場に連れて行くのに任せることが出来る。

　古代文明において、治療用入浴をしたり、植物エキスの油を塗ったり、軽い運動をしたり、当たり障りのない音楽、良い食事、規則的就寝と目覚めと言ったものによって体は転移の経験の用意ができた。これらの方法は今日でも有効である。それらは温泉効果とか静養効果と呼ばれている。今日の温泉は古代ギリシャの夢の神殿にその起源を持つヨーロッパの自然療法温泉を基本としている。今日、温泉経験の目的は休暇をとることであり、休み、リラックスするときである。しかし、古代文明においては、温泉の経験は別の現実を探索することで治療するための準備であった。

設定

設定の主な要件は安全な環境である。これは自宅の特別な部屋かもしれないし、診療所かもしれない、教会、寺院、自然の中で静かで隔離された場所かも知れない。一人でいてもよいし、誰かといてもよい。誰かといるときには、その人が信頼でき、あなたの意図に同意していることを確実にする。もし、治療師と共にいるなら、治療師があなたの転移を理解し、支持することを確かめておく。

　極東の聖人、と古代ギリシャの僧侶、世界中の土着の祈祷師たちは皆、安全な環境の重要さを理解している。古代ギリシャ人は音が意識を変える力を持っていることを知っていた。そして聞く人々は正しい導きの重要性を知っている門下の僧侶と女僧侶によって監督されていた。古代ギリシャでは、音楽は現代のバイオソニック社のチューニング・フォークのピタゴラス音程と同じにチューニングされた竪琴を用いて演奏された。ギリシャの竪琴は、それをチューニングするのに使われた同じピタゴラス音程で設計された寺院で演奏された。次の図面はアテネのプリエネ神殿（紀元前４世紀）の音楽的音程を音波の形で示している。

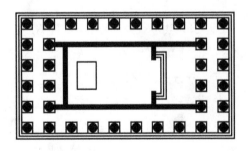 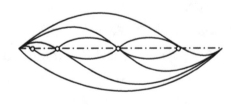

　この神殿の設計が、フィボナッチ・チューニング・フォークを用いた意識の探索の基礎にしている黄金の中庸の渦巻きを含むようにできているかに注目しよう。

　ギリシャ人たちはこれらの神殿を治療のために訪れ、意識の高い状態に入って、神々や女神たちと会話した。神殿の中で竪琴の音に聞き入った時、聞くものと神殿の設計との間の共鳴が別の現実へ転移する空間を造りだした。

　ヨーロッパの偉大な教会は音楽的な比率に従って建築されている。ピタゴラスチューニングに基づく、グレゴリア聖歌の音程が、建築の比率がそれらの歌の音楽的音程と同じになっている教会で歌われた。グレゴリア聖歌の音は境界の音楽的設計と一緒になって、癒しの共鳴環境を造った。チューニング・フォークのように、人々を意識の高い状態へと導いた。

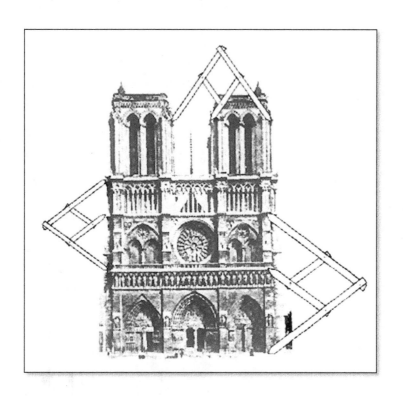

　世界中の先住民族の文明からの祈祷師あるいは治療師は正しい環境の力を理解している。熟達した祈祷師は何時間も、さらには何日もかけて人々が別の意識状態に入るための正しい環境を準備する。全てがまさに正しくなったとき、彼はドラム、ガラガラ、チューニング・フォークの様な笛のリズムの音を使う。人々は祈祷の恍惚としたしゃべりで目覚めたままでの夢の状態を経験し、そこで別の世界へ旅し、賢明な人と語り、強力な動物と出会い、彼らの魂のばらばらになった部分を再統合する。

方法

方法はそこ—転移に至る方法のことである。音は人々が別の現実に転移するのを助けるため何千年にわたって多くの形で使われてきた。それには呪文、ドラム、音楽、歌、笛、歌う椀などが含まれる。ピタゴラスとフィボナッチのチューニング・フォークはそういった長い伝統に現在付け加えるものである。ここにフィボナッチ・チューニング・フォークがどのように作用するかを示す。

　　フィボナッチ・チューニング・フォークを理解する最良の方法は各々の音程を経験し、その効果を試してみることである。最初の 4 つのフィボナッチ・チューニング・フォークは、ユニゾン(1/1)、オクターブ(1/2)、5 度(2/3)、そして 6 度(3/5)、はピタゴラス音程であり、ソラー・ハーモニック・スペクトラムの一部である。次の 4 つのフィボナッチ・チューニング・フォークはピタゴラスチューニングと同じではあるが伝統の音楽音程には無い。通常の音楽トーンではないため、比の指定のみがある。それらは 5/8 、8/13 、13/21 、そして 21/34 である。

　　まず、フィボナッチ・チューニング・フォークを次の順で並べる。もしソラー・ハーモニック・スペクトラムのセットを持っているなら、最後の 4 つのフィボナッチ・チューニング・フォークだけが必要である。ソラー・ハーモニック・スペクトラムのセットとフィボナッチ・チューニング・フォークとの間の等価のものは表の中で与えられる。

フィボナッチ チューニング・フォーク	1/1	1/2	2/3	3/5	5/8	8/13	13/21	21/34
ソラー・ハーモニック 同等品	C256	C512	G384	A426.7	同等のものはない			

　　フィボナッチ・チューニング・フォークを正しく並べた後、次のステップは使用したい音程を創ることである。フィボナッチ・チューニング・フォークを使う最良の

方法は３つあるいはそれ以上のフォークを片手に持ち、そしてそれらを 1/1（Ｃ）のチューニング・フォークで打つことである。これで唸りの周波数あるいはそれらの間の差を増幅し、そして「貝殻効果」を造りだすことが出来る。唸りの周波数は聞く我々をさまざまな脳のセンターを取り込んで渦巻きのさまざまなレベルに引き込むものである。もし膝打ち技術でさまざまなフィボナッチ音程で瞑想しようとするのなら、フィボナッチ・チューニング・フォークは互いに近くチューニングされていることを分かっておくべきである。従って、膝打ち技術で一つずつの音程を分離しようとしたとき、トーンの間の差は時として聞き分けが難しい。しかし、一つのフィボナッチ音程で瞑想することはその違いを聞き分けるのになにがしかの訓練が必要であることを理解している限り可能である。そしてそれらを意識して聞いていなくても、それでもなおそれは起こっている。

音の錬金術
フィボナッチの音程を探る

次の下垂体－松果体の軸に沿っての意識の上昇に基づいたフィボナッチ音程についての記述は音の錬金術と呼ばれる。下垂体－松果体の軸に沿った様々な脳幹は、スイスの医者であり錬金術師であったパラケルススによって脳の星と呼ばれた。彼はまた現代医学の父とも言われる。脳の星の活性化は内なる声、軽快な生き物、天使、歌姫、そして魔法の様な別の現実と結びついている。

現代の分子研究は、内製の鎮静剤、カンナビノイド、そしてトリプタミン分子の活性化を通じてパラケルススの脳の星に関係しているかも知れない。これらの分子は長らく意識の別の状態、夢、臨死体験と関連づけられて来た。エンドルフィンとして知られる鎮静分子は、競技者に経験される、競走者のハイと呼ばれる内的静寂の原因とされる。カンナビノイド分子は、サンスクリット語の至福の喜びを表す「アナダ」から来ているアナンダアミドとも呼ばれる。トリプタミン分子は、夢の分子、メラトニンと南アメリカの祈祷師が別状態を誘導するのに使うアヤファスカを含む。音の錬金術師はこれらの分子を自然に発生するもの、すなわち、セット、設定、方法の形態の部分として我々自身の体の中で作られるものとみる。これらはさまざまな意識の状態の標識である。

用意が出来たときに、教師が来ると言われる。この場合、媒体は音であり、音の中に教師の声が聞かれる。

0 ユニバーサル・エネルギー場あるいはゼロ点

この数列は0から始まり、それは何もないこと、あるいは形を持たないエネルギーを表している。ゼロはユニバーサル・エネルギー場以前の知られざるもの、全ての源であるが何物でもない。0は渦巻きの中心である。それは始まりであり、かつ終わりでもある。アルファでありオメガである。治療技術で、0は静止点でユニバーサル・エネルギー場の導管として働く。

「静かにしなさいそうすればあなたは知るでしょう」─23番詩編

1/1

次のステップは1/1でそれは基本であり、始まりである。1/1は音程ではない、というのはそれは「1」であり、それ以上分割できない。1/1は0「何もないこと」から生じたユニバーサル・エネルギー場を表している。

「初めに言があった、言は神と共にあった、言は神であった」─ヨハネ伝

1/2

最初の音程は1/2で、これはオクターブである。古代ギリシャではオクターブをディアパソンと呼び、それは全ての可能性あるいはあらゆるものの空間を意味する。意識の上昇にかんしては、1/2は頭蓋全体の空間を表している。チューニング・フォークが鳴った時、グレゴリア聖歌が教会中に共鳴したように、頭蓋の中で共鳴する。

2/3 バランス

次の音程は2/3、完全5度であり、天と地の間の理想のバランスである。老子は書いている：「1は2を造りだした、2は3を造りだした。」彼の解釈者の一人が説明している：「これらの語は1が女性の原理である陰と、男性の原理である陽とに分割されたことを意味している。これらの2つは合体し、その結合から調和の3が出てきた。3の精神は、凝縮すると、全ての存在（現実）を創った。」[3]

　　　5度の音程は蝶形骨を振動させ、そして協和的なパターンで動く。蝶形骨は大小の羽を持つ蝶の様な形に見え、翼状突起部は花に止まろうとする蝶の脚

---

[3]Lao Tsu. *Tao Te Ching*. New York: Vintage Books, 1972.

のように突き出している。蝶形骨は動き、さまざまな方向に回転もする。もし蝶形骨が動くのを見ることができれば、大きな鳥が空を飛び、多様な風の流れの中を舵取りをしているように見える。

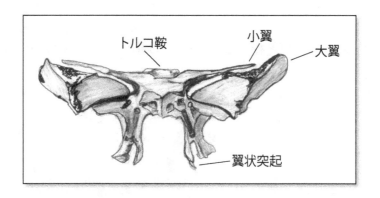

蝶形骨の上部中心はトルコ鞍を意味するsella turcicaと呼ばれる。このトルコ鞍は額中央で目の上に位置し、意識に関する文献で第3の目の座席と呼ばれている。トルコ鞍には4つの杭があり鞍膜がついている。鞍膜は杭の間によくチューニングされたドラムのヘッドのように張られていて、振動に非常に感じやすい。

脳下垂体は鞍膜の上に載っている。完全5度の振動は蝶形骨の動きを刺激し、鞍膜がハーモニーに共鳴する。同時に、脳下垂体は内製の麻酔剤を放出し、それが一酸化窒素の放出の前駆体となる。この麻酔剤は落ち着かせる効果によって意識を体や日々の活動の心配から解放し、幸福の大きな感覚に導く。一酸化窒素の放出は体に触媒効果を及ぼし、癒し、解毒、一般的に自身の世話をさせる。これは意識の自覚をより高い状態に動かす。

脳下垂体と鞍膜はアラジンが魔法のじゅうたんにのって飛ぶ元型的なイメージで象徴される。我々が最適な健康と幸福の状態にいるとき、蝶形骨は翼を持った魔法のじゅうたんのように楽々と飛び回り、生活のエネルギーの流れを通って意識のより高い領域に行ける。脳下垂体は、蝶形骨の中心にあって、高度にバランスした静止点渦巻きに乗っている。ランドルフ・ストーン博士は彼の『高度極性治療』ノートにこのバランスの状態を得ることについて書いている。

心がこのように静められたとき、RUHあるいは静められた休息の避難所と呼ばれる。ここに人の中の、霊感そしてより高い領域からの黙示の山として神の移動式神殿がある。全ての聖人、救世主、預言者はこの精神領域への高速道路

を用いた。これは高度な創造が見られ音の流れにのって辿りつける避難所であり魔法の鏡である。このセンターはアラビアン・ナイトで非常な努力と多くの挑戦の末見つけたアラジンのランプとして述べられている。[4]

3/5 夢

精神の形であるBaは夢と死の間体から抜け出すクラハシコウの鳥としてあらわされている。

（エジプト、紀元前3世紀―1世紀、コペンハーゲン、ナイ・カールスベルグ・グリプトテク）

フィボナッチ数列の次の音程は3/5でこれは6度の音程である。3/5の音程は高い精神レベルへの上昇の始まりである。これは多くの方法で視覚化できる。霊能者、エドガー・ケイシーはこれを神秘主義者の火の音程と呼んである。その元型はアリスが不思議の国に行く途中ウサギの穴に落ちる最初のステップである。錬金術師はそれが上昇の音程でありそれを鳳凰が舞い上がるイメージとして視覚化したのを知っていた。

　　我々の意識がトルコ鞍にあり、最適な蝶形骨のバランスが得られていると、生命のエネルギーは自然にエネルギーの渦巻きの内部で起き上がり第3脳室に至る。第3脳室はサンスクリット文献でブラーマの洞窟として知られ、宇宙の振動の大海と共鳴する座席がある。第3脳室に意識が上昇する元型は翼を広げた一角獣のイメージに見られる。一角獣の翼は蝶形骨のバランスを象徴し、その角は第3の目を表している。一角獣は旅に立ち金の壺を得るため虹の橋を越え多くの現実をくぐりぬけていく。錬金術師は金の壺を賢者の石の象徴としている。今日ではユニバーサル・エネルギー場と呼ばれる。

　　意識が第3脳室に入ると、アナンダアミド分子が放出される。この分子が現れるのは意識が通常の現実を離れ夢の状態に入ることの表れである。多くのアメリカ・インディアンの部族では第3脳室を夢の宿として祖先が協議会に座っ

---

[4] Dr. Randolph Stone. *Polarity Therapy: The Complete Works. Vol II. Vitality Balance.* Reno, NV: CRCS Publications, 1987, p. 189.

ていてビジョンの別の通路上で忠告を与える。霊能者たちと預言者たちは第3脳室を夢の中の夢を創るため絡みあっている千の光の場と呼んでいる。

5/8 ささやきの洞窟

意識がさらに昇っていくと、ブラーマの洞窟（第3脳室）に入っていく。千の光はまだ使えるが；しかし、もう必要がない思考を置いて、内なる声に引かれていく。内なる声はブラーマの千のささやきとして知られている。それがここに在る。内なる声、知恵の声、内なる導き、そして癒しがその中にある。正しい行動をとってバランスと平和の感覚を得るために必要な情報が得られる。

　　内なる声に聞き入るとき、知恵の振動がブラーマの洞窟中に共鳴する。これは、今度は、星状膜を振動させ、脳下垂体の前方と後方のたぶを振動させ、知恵の教えを伴って一連のホルモンを放出する。同時に、蝶形骨も振動し、新しいパターンに移る。側頭骨は新しい受け入れ位置に滑り込み、骨が通常現実からの入力ができるようにする。

　　意識がブラーマの洞窟（第3脳室）にある間、脳脊椎液（CSF）に囲まれている。錬金術では、CSFは水銀様の性質で天からの滴、神の水、若さの泉、それに水銀などと呼ばれる。解剖学的には、それは透明で、少し黄色を帯び、生理食塩あるいは塩水液体から成っている。それは第3脳室の壁にあるコロイド状の網目によって脳室内に秘蔵されている。洞窟で湿り気が集めるのと同じ方法で、CSFを脳室に滴下する。

　　知恵の声を聴くとき、CSFが同時に対話の真髄の振動でコード化される。CSFを扱う多くの治療術の施療者はこの液体の知性を経験したと語る。

　　整骨医療の創始者アンドリュー・スティル博士はこう言った：

> 「脳脊椎液は人体中の要素で最高のものである。理性ある者ならこの偉大な生命の流れは注がれねばならない、そうすれば枯れた場は直ちに潤う、さもなくば健康の恵みは永遠に失われる。」[5]

---

[5] Dr. Andrew Taylor Still. *Philosophy of Osteopathy*. Indianapolis, IN: The American Academy of Osteopathy, 1986.

　この脳脊椎液は内なる知恵の真髄を運び、これを体の他の部分に知らせる。それは第3脳室から流れ出し、脳の導水管を下り、第4脳室に至る。第4脳室は超意識から肉体、体の意識への転移を演じる。エネルギー面では、エジプト人はこれをアンクと呼び、そこでエネルギーは神から通常の意識の現実への道を造る。

　CSFは第4脳室から、脊椎索の中央水路を渦巻きながら下る、そこでエネルギー的に知恵の教えでの役割で各円環を符号化する。CSFは仙骨の根本にある貯蔵所に蓄えられ、そこは眠れるクンダリニ・フォースとして知られる。

> クンダリニは知恵によってまだ働かなくてよいと符合されているので眠っている。

　それを起こすには口火が要るかも知れない。その口火は生活上のあるものかも知れない、良いものにしろ悪いものにしろ、行動する動機をもたらすものである。クンダリニが目覚めるときは、強烈な争いを伴って起き上がる。その途中の各ステップでは、円環の基本的エネルギーは何度も何度も現れてはなだめられ、通常の現実が賢者の声のメッセージと共鳴するまで続く。

8/13　神秘的通路

意識が高まると、神秘的通路を通らねばならない。それは、隠された山道、推奨のドア、あるいは魔法の鏡として知られる。神秘的通路は第3脳室の上で後の部分、松果体のすぐ下に位置する。神秘的通路を見つけ、通るのに賢者の声を超えてその源に近づく。

　神秘的通路を見つけ通りぬけるには賢者の声を讃えなければならない。讃える手続きは仙骨あるいは聖なる骨に保存された符号化された賢者のメッセージに従って行動することである。錬金術師がヘルメスのエメラルド盤に見つけた基本原理は「上のごとく、下もまた然り」である。これは霊的現実（上）は通常現実（下）と共鳴していなければならないことを意味する。同じ原理は主の祈りにも見られる：天にまします我らの父は汝の名を祝福された。汝は天国（上、霊的現実）にあるがごとく地（下、通常現実）にてもなすなり」。

　　通常現実が霊的現実と一致しないとき、生活の状態は結果として不協和となる。生活の不協和を解決することは通常現実をビジョンに沿うように変える働きをする必要があるということである。賢者の声に沿うように合わせる仕事をする行動はビジョンを明らかにすることである。この仕事は内なる熱を産む。それはツモ、聖なる火、シバの火、そして錬金のかまどなど多様な名前で知られる。真の内的な熱は全身にわたって脳脊椎液を温める熱で、特に第３脳室ではＣＳＦが暖かい霧となり神秘的通路を通って立ち上がってくる。

13/21　偉大な分割

解剖学的には意識は聴覚と視覚の小隆起を支えているトルコ鞍などに載っている柔らかい組織に起こる。これらは小さな特別な脳の組織の隆起で、通常現実から目と耳を通じて視覚と聴覚エネルギー信号を受け取り、それはさらに脳の他の部分に向けられる。毎日の現実の構造に通常解釈されて入るのは情報である。

　　聴覚と視覚データの十字交差の中心点は松果体のちょうど下にある。聴覚と視覚の小突起の柔らかい組織の座部の間に流れるのは脳脊椎液の川であり、左右の脳の半球を繋いでいる。ＣＳＦの川を横切るには完全なバランスになければならない。乙女座は意識の高い状態へ上るために必要な完全なバランスの状態の天文学上の元型である。乙女座は水星によって治められかつ高められた天文学的完璧さの星座である。

　　下の錬金術師の絵では、水星の脚は完全なバランス（乙女座）で蝶形骨の羽の上に立っている。水星の体は第３脳室を表し、２人の武士は側頭葉を表し、クンダリニを起こすために必要な争いを示している。水星は各々の手に使者の杖を持っている；これは水星の原理を表している。

　　同時に水星は別の翼を広げている；これは聴覚と視覚の小突起の柔らかい組織にあるバランスの座を表している。冠は松果体と波、振動、と形の原理，それはさらに冠の中心の上に太陽、月、そして水星として表現されている。水星のシンボルは乙女座での水星への称賛を表している。これはユニバーサル・エネルギー場への「要所」であり、通路である。錬金術師はこれを賢者の石と呼んである。

　天と地との間の完全なバランスにあるとき、水は分れそして我々は上ることが出来る。これはユダヤ人が約束の地に到達するためにモーゼが水を分けた元型である。何かのバランスが崩れたとき、あるいは賢者の教えのメッセージが動作しないとき、意識はCSFの川に落ちるかも知れない。もっと働くために通常の現実に戻らなければならない。しかし、完全なバランスが得られたなら、意識は頭蓋の聖堂のなかで、深い敬虔な静けさの中に坐していて、天国への関門の前で松果体あるいは神の目に入るのを待っている。

　ドイツの地球学者で自然主義者ビクトル・シャウベルガーはいかにしてこれが起こるのかに洞察を与えている。彼は1930年代にワシントン州の鮭の川を訪れ、鮭がどのようにして強い川の流れに逆らって上流に泳ぐのかを調査した。彼は特に滝をいかにしてやり過ごすことができるのかに興味があった。シャウベルガーは滝に落ちる水は、ちょうど下水に下る水と似たもので、自然の渦を造っていることを発見した。これらの渦が合わさると水のサイクロンを創る。鮭は流れに逆らってもがいていて水の中に完全なバランスの場に来る、そしてある瞬間に螺旋形の渦の中で滝の上に引き上げられる。シャウベルガーは渦の中のエネルギーが鮭を滝の頂上まで浮揚させたと信じた。同様にして、天と地の最適なバランス状態に来たとき、意識が高い領域に持上げられる。それは一見不可能な飛躍に見えるが、静止の渦巻きで起こることなのである。

An alchemical representation of the ventricular system
according to F. Basilius Valentinus

21/34 神の目

松果体(pineal gland)はラテン語の松かさを意味するpinus から名付けられた。
これは第３脳室のちょうど上脳の上部の中心にただ一つ座っているのでユニ
ークである。全ての脳の部分は右と左に対応する相手がある、すなわち、２つの
目、２つの耳、２つの鼻腔、例外が松果体である。松果体は成長する胎児の中で
７週目には見えるようになり、それは男女の性が見れるようになるのとちょうど
同じ頃である。口の屋根の特別な組織から成長し第３脳室を通って脳の中心へ
と移動する。そこで辺縁系にとりかこまれる。辺縁系は喜び、激怒、怖れ、不安、そ
して楽しみといった感情の経験に関与する構造からなっている。

　　元型として、松果体は２重性を持つ全ての領域を監督し統合する機能があ
る。意識が松果体に入った時２重性を超越し、エネルギーと霊的現実の高い領
域に向けて偉大な夢のハイウェイを旅する。偉大な真実が直ちに理解され、現
実の振動する性質が明らかにされるのはここにおいてである。通常現実で始ま
る問い、考え、あるいはチャレンジの背景にある高度な霊的推察が水晶の様な
透明性を持って、上から下まで全てをつないで、明示される。

　　水が分かたれ、意識が偉大な分割を横切るとき、松果体はメラトニンと呼ば
れる分子を放出する。メラトニンはトリプタミン分子の一つであり、幻覚剤の関
連する分子のファミリーに属する。体内時計の調整剤と同様に抗酸化剤としても
働く。時差ぼけのとき、より規則正しいスケジュールで眠ろうというときに非常に
効果的である。多くの方法でメラトミンは脳下垂体による麻酔剤の放出と同様な
目的で働く。その麻酔剤というのはバランスのとれた静かさの状態を造り、意識
が松果体の不思議の世界に昇るのに任せるものである。

　　意識が昇るとき、松果体がチューニング・フォークのように振動する。松果体
が振動すると、アヤフアスカ、LSD、メスクリン、そしてサイロシビンに似た内製分
子を分泌する。これらの全てはトリプタミンのファミリーのものである。トリプタミ
ン分子で最もよく知られているのはLSD、「魔法きのこ」の活性成分であるサイロ
シビン、そして南アメリカの祈祷師に使われているアヤフアスカの活性成分であ
るDMTである。

　　神秘主義者は意識の高い状態に入った時、松果体に関連して「ヒュー」と言
う音を経験したと言う。多くの瀕死の経験をした人が光のトンネルに先立って同
様のヒューと言う音のことを報告している。その音はオーケストラがコンサート
ホールで共鳴するのとほぼ同じようにして、頭蓋のくぼみを通じて共鳴する。静

止点を松果体に残すと、意識が精神的な音と共に振動する。精神的な旅に出、より高い知性に導かれて学ぶべきものを経験する。

　　意識が虹の橋を渡るとき、経験の振動は頭蓋中に共鳴する。松果体はチューニング・フォークのようにCSFの流れを共振させ、天からの滴と呼ばれる霊的に強化された水をCSFネットワークを通じて送り出す。同時に、頭蓋骨は新しいパターンで発信し、そして聴覚と視覚の突起は新しい霊的現実を見、聞くのである。

オーバートーン・チューニング・フォーク

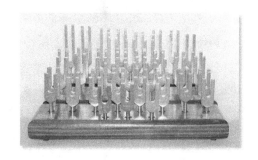

オーバートーンを鳴らし、歌い、聞くことは、長い間治療と精神的覚醒の方法だった。モンゴルやチベットの仏教歌手たちは聖なる呪文につきもののオーバートーンを歌った。歌っている間、この呪文は彼らの空洞や頭蓋の中の空間のオーバートーンの音と共鳴したことだろう。その結果は癒しと精神的な効果が見事で強力だった。多くの文明では打つか擦るかで様々なオーバートーンを産む鉢を造ってきた。このような鉢でよく知られているのはチベットの歌う鉢である。これらの鉢はさまざまな寸法があり、7種の金属でできている。鉢が演奏されると、オーバートーンが出てさまざまな金属を振動させる。さまざまな金属と共鳴するオーバートーン共鳴の効果は天と地の間に脈動を産むことである。

　　祈祷師によるオーバートーン楽器のさらに興味深いものの1つはコロンバス以前の2重室を持ち笛の音を発する容器であり、ペルー笛吹き容器として知られる。このような容器はペルーやメキシコ北部の至る所の墓から発見されている。そして今でも祈祷師が別の意識状態を導入するのに用いられている。各々の笛吹き容器は異なった高いピッチを持っている。7つのペルー笛吹き容器が連続してなると、何千ものオーバートーンが生まれる。

　　聞く者がこれらのオーバートーンに浸ると、体に構造的、生理的事象の連続が起こる。ペルー笛吹き容器の高いピッチのオーバートーンを調べると、ドイツのフランクリン・インスティチュートの生理学者たちは、心拍、血圧、呼吸、そして

基礎新陳代謝に明白な変化が起こると報告している。オーバートーンの間の小さな音程の隙間があると、神経のシナプス結合の距離に変化が起こると信じられている。この変化により、シナプスの間隙にエンドルフィン、ベータ・キャナボイド、とDMT分子が放出される。

　　ロシアの作曲家、アレキサンダー・スクリャービンは１９００年代前半にオーバートーンの響きは新しい時代を提出し、天と地を結合させると信じた。彼の最後の作品、ミステリウム、はインドで高くからつりさげられた土着のベルで風鈴のように非常に高いオーバートーンで鳴るもので演奏されるよう作曲された。スクリャービンは地上にいながらにしてデバ、あるいは精神の天使のオーバートーンの声を聞く自身を視覚化し、悟りの新しい段階を提供するだろうとした。

　　音楽的に、オーバートーンは基本のトーンから始まり無限に上っていくピッチの音の列である。オーバートーンの列は自然数で昇っていく1, 2, 3, 4, 5, 6, 7, 8, 9………n、ここで1:1は基本あるいは最初のトーンである。オーバートーンの数値の関係はピタゴラス音楽音程と他の無数の音程の基礎となっている。例えば、基本の次の音程は1:2で、オクターブである。次の音程は2:3で５度、さらに3:4の４度と続く。

　　ソラー・ハーモニック・スペクトラム、オットー・チューナー、そしてエンジェル・チューナーは全て基本周波数の８cps でチューニングされている。８cpsとする主な理由はシューマン共鳴に基づいている。1957年、W. O. シューマンは地球の電離層の共鳴周波数を計算した。これは彼の名前を取ってシューマン共鳴と呼ばれる。シューマン共鳴は自然に発生する電磁場信号で地球と電離層との間で循環し約7.7−8 cps で脈動するものである。シューマン共鳴は多くの人々によって惑星地球の「心拍」と考えられていて、治療の処理の基本となっている。

8 cps の基本からある興味ある推測が浮かんでくる。シューマン共鳴が初めて発見されたとき、それは7.5 cpsだったが少しづつ上がってきている。この脈動の上昇は意識のシフトに信号を送っているのではないかと推測している。8 cpsの基本はシューマン共鳴に合わせるとともに我々の意識の高い状態への転移を支持するものである。

数8が選ばれたもう一つの理由は、古代の数霊術において、数8は8の上の円である天と8の下の円である地の統合の象徴であった。2つの円が交わる点は中心にあって天と地の間の静止点を表している。数字の8を横に寝かすと無限の記号となり、極の間の完全なバランスの場所である。

次の表は8 cpsを基本として2倍していき9オクターブ4096 cpsまでにしたものである。チューニング・フォークが共鳴するオクターブのところに示されている。

8 cps	基本のトーン
16 cps	
32 cps	オットー・チューナー32™
64 cps	オットー・チューナー64™
128 cps	オットー・チューナー128™
256 cps	ソラー・ハーモニック・スペクトラム™の低いC
512 cps	ソラー・ハーモニック・スペクトラム™の高いC
1024 cps	
2048 cps	
4096 cps	クリスタル・チューナー™

ヤコブの梯子の絵はオーバートーンの系列とオーバートーンの上昇とよく結び付けられる。ヤコブの梯子は地球から始まり天にまで登る。地球は基本のトーンの隠喩であり、梯子の各ステップは天にまで登るオーバートーンを表している。カバラの古代の学者は昇っていくオーバートーンの間の音程とされる空間に天使たちが住むと信じた。これらオーバートーンの間の音程の空間は古代の道教隠者によって天使の王国に通じる神秘の山の通路として知られていた。

　　オーバートーン・チューニング・フォークが鳴った時、非常に高いピッチを出していて、イルカやクジラの声のようである。さまざまなオーバートーン・チューニング・フォークの間の相互作用は、変わり続ける音波の環境を作り出すことで聞く者に音響でマッサージする脈動を造りだす。高いオーバートーンの脈動する性質はピアノの響板のように頭蓋の骨構造に共鳴する。この共鳴は頭蓋の縫合線をほぐし、頭蓋骨の動きの増加が頭蓋硬膜の中で深い内的共鳴を造りだす。オーバートーンを聞くとき、構造的生理的現象の連鎖が体内に起こる。この脳中に広がる音波は何百万の神経シナプス結合がさまざまなオーバートーンの音程の関係での共鳴を追求させることになる。

　　オーバートーンに聞き入るとき、内的な熱の高まりを経験することが多い。これは頭蓋の動きが増え、それによって、新陳代謝の中心に影響し、血流を増加させるからである。心霊的な用語では、この内なる熱は、ツモ、シバの火、錬金のかまどなどの転移の火と呼ばれている。この内的熱は我々の業を焼き払い物理的な形を純粋な精神に変形する力があると信じられている。ヒマラヤの聖人はインドの高く冷たい山々に坐し腰布をまとっているだけである。彼らの体のツモの熱が、業を焼くことで起こり、宇宙の法（Dharma）を維持し周りの雪や氷を融かし、櫃に何杯もの水とする。

　　オーバートーンとオーバートーンの組み合わせは周波数の帯となる。これらの周波数帯は心、感情、体の様々な領域と共鳴する。いろいろな振動のレベルにある資源に触れることが必要である。ある周波数帯を消去すると、それは日々の生活にいろいろな形で現れてくる。例えば、繰り返す行動パターン、病気、抑鬱、あるいは全般的な健康の欠如などである。周波数の影響の良い例がラジオ局である。ラジオ局はある周波数帯で大量の情報を放送するが、もしその周波数帯が侵されると情報は雑音で壊れ、利用できなくなる。

エンジェル・チューナー　Angel Tuners™

エ ンジェル・チューナーは4121 cps、4096 cps、4200 cps の3つのオーバートーン・チューニング・フォークからなる。エンジェル・チューニング・フォークを鳴らすときには、4096チューニング・フォークを右手に、他の2つは左手に持つ。4096 チューニング・フォークを左手の他の2つのチューニング・フォークに対して打つ。

クリスタル・チューナー　Crystal Tuner™

ク リスタル・チューナーは4096 cps のチューニング・フォークでエンジェル・チューナーと呼ばれる3つの9オクターブのオーバートーン・チューニング・フォークのセットの中の中心となるフォークである。クリスタル・チューナーはオーバートーン・シリーズの第9オクターブにチューニングされていて、天使の国への戸口を開き、また惑星地球の心のトーンである8 cps の基本トーンへも開かれている。クリスタル・チューナーを水晶結晶の背面で打つと、結晶に振動を起こす。

円環チューニング

ク リスタル・チューナーは円環をチューニングするために強力な音響楽器である。発振している水晶の結晶は光の全スペクトルを放射し、それはクリスタル・チューナーと水晶結晶との間の振動で増幅される。心が色の組み合わせに集中していると、それは円環の色による治療を活性化するのに使われ、色は水晶結晶の点を通り抜け治療する領域に向かう。それがどのように起こるかを説明しよう

　水晶結晶を左手あるいは右手の親指と他の指との間に持つ。水晶結晶を一つあるいは複数の活性化する円環に向ける。円環を評価するには、『チューニング・フォークと5元素』の章を読むとよい。クリスタル・チューナーの柄を他方の手で持つ。結晶の荒い方の端（先端ではない）をクリスタル・チューナーの平らな面で優しく1度か何度か打つ。

結晶の清浄

水晶結晶はエネルギーを吸収し、通す。最大の能力で機能するため時折清浄が必要である。クリスタル・チューナーを用いた水晶結晶の清浄は簡単である。水晶結晶を左手あるいは右手の親指と他の指との間に持つ。クリスタル・チューナーの柄を他方の手で持つ。結晶の荒い方の端（先端ではない）をクリスタル・チューナーの平らな面で優しく1度か何度か打つ。クリスタル・チューナーは鳴り、水晶結晶は生き返る。

次に、クリスタル・チューナーの平らな面を結晶の側面に沿ってそれを軽く叩くようにして動かす。常にクリスタル・チューナーを後ろあるいは荒い面の角から先端に向けて動かす。チューニング・フォークをゆっくり移動させ、点を過ぎるとクリスタル・チューナーを外側に遠ざけ、余分に蓄えられたエネルギーが光へ戻るのを見る。これを結晶の各側面について1回以上行う。同じ方法が、ダイアモンド、エメラルド、アメジスト、翡翠、オニキス、ルビー、などの宝石を清浄にするのに有効である。

空間の清浄

チューニング・フォークによる風水

空間の清浄は不必要なエネルギーを掃除することである。不必要なエネルギーは、乱雑、貧しい思考方法、困惑、あるいは圧倒される感覚を惹き起こしかねないし、これらは全て使える生活のエネルギーを減らしてしまう。クリスタル・チューナーでの空間の清浄は家のどの部屋にも行え、エネルギーを均衡させる。クリスタル・チューナーは、治療室、瞑想の部屋、スタジオを、あるいは旅先でホテルやモーテルの部屋を清浄するのに使える。どの空間もクリスタル・チューナーでの清浄が可能である。

水晶結晶を左手あるいは右手の親指と他の指との間に持つ。クリスタル・チューナーの柄を他方の手で持つ。結晶の荒い方の端（先端ではない）をクリスタル・チューナーの平らな面で優しく1度か何度か打つ。クリスタル・チューナーは鳴り、水晶結晶は生き返る。両手を45センチほど離し、清浄したいところに向けて両手を伸ばす。エネルギーが結晶とクリスタル・チューナーの間で流れるようにし、さらに空間にも流れ出すようにする。エネルギーが部屋に流れ出るのを音の波で感じる。これは池に小石を投げ込んだ時の波紋が広がっていくのに似

ている。ごみの函や暗い穴、白で詰まったものの様な受容器を想像し、洗う光を清浄しようとする空間の外側に置く。この手順を必要に応じて部屋のいろいろなコーナーで繰り返す。

骨音（オットー）チューニング・フォーク

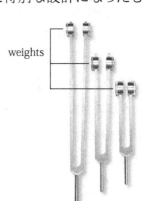

weights

骨音チューニング・フォークは両突起に錘を置いた特別な設計になったものである。錘はより強力な振動を起こし、チューニング・フォークの柄を通じて直接組織に伝達される。オットーの語は骨の振動を意味する骨音（Osteophonic）の短縮形である。オットー・チューニング・フォークの柄が体のある点に置かれると骨と組織がそれと共振するのを感じることが出来る。オットー・チューニング・フォークはまた通常のチューニング・フォークと同様、純粋な音を発生させるのにも使える。ただオットーチューニング・フォークはお互いに打つことでオーバートーンを発生させることはできない。オットーチューニング・フォークは低いピッチで最も効果をだし、中間から高いピッチでは働かない。

　　3本のオットーチューニング・フォークがあり、オットー３２、オットー64、オットー128と呼ばれる。数は周波数を意味する。

　　オットー128は第１のオットー・チューニング・フォークであり、完全５度振動で揺れ、体に置いて関節、骨、組織、鍼のポイント、そしてツボにその振動を直接伝達できる。オットー128 cps は完全５度の差音に基づいている。例えば、C は256 cps そしてG は384cpsである。その差音は256を384から引いて128 cpsで來る。これは完全５度を聞いているとき、C と G のチューニング・フォークの間で作られる128 cpsの脈動も聞いている。完全５度の原動力については前の章で議論している。

オットー128を鳴らすには、その柄で持ち、錘の平らな側面を膝あるいは手の平で打つ。

この技術を学ぶには、オットー128を打ちチューニング・フォークを指関節の一つに押し付ける。柄の底と接触するようにし、振動が体に伝達されると感じるまで優しく押す。異なる圧力で実験しよう。軽く始め、そして最大の振動を感じるまで徐々に上げていく。

オットー128あるいはオットー64を用いるための方法で特別なことは:

1. どの方法を用いるにしても、
   ちょうどの点を見つける。

2. 人差し指をその点に置く。

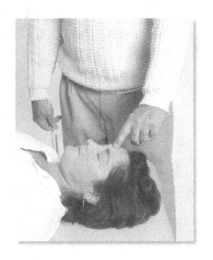

3. オットー128を膝あるいは手の平で打つ。

4. オットー128を人指し指のところに持ってくる。そして同時に一指し指をずらして離し、チューニング・フォークの柄の台をその点に持ってくる。

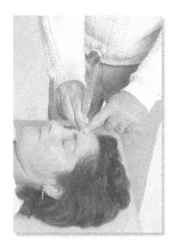

一般に、常に自由な手を体のどこかほかの所に置くのがよい。

> 我々の研究によるとどの点にもオットー128を2回使うのが適切である。その理由はあまりに多くの振動を与えるとその領域は刺激過多となり、一酸化窒素が増えるより減少してしまう。そのため、過ぎたるは及ばざるがごとし。

　もし、骨粗しょう症あるいは骨折の経歴がある場合は、オットー128を骨に当ててはいけない。チューニング・フォークを骨に押し付けたとき何かの痛みをかんじるなら、押し付けを続けてはいけない。多くの緊急処置チームはオットー128を骨折のテストのために備えている。フォークの振動は骨の振動を起こす。もし骨折が起こっていれば痛みを感じる。これはＸ線ほどよいものではないが、しかし、現場において非常に強い目安となる。

　オットー128は多くの応用がある非常に用途の広いチューニング・フォークである。オットー128は関節の可動性、関節のコリ、自発神経システムのバランスに大きな効果がある。一般に、どの関節に押し付けてもよい。振動は神経と血流の組織の両方で一酸化窒素の急増を起こし、それは血管拡張、神経システムのバランス、鎮静分子の増加につながる。結果は循環の強化と痛み止めである。

一般バランス

心臓のバランス　　オットー128を胸骨、すなわち胸の骨にに置く。振動を感じ、心臓が柔らかくなると想像する。この点は一酸化窒素の急増をおこし、その波を全身に送る。(注：ペースメーカーを使っている場合はこの領域で使ってはいけない。)

第3の目のバランス   オットー128を第3の目―両目の間の上―の上に置く。目を閉じ、振動が頭蓋中に広がるのを感じる。この点は頭蓋の基底部のバランスと蝶形骨/後頭部の動きを強化する。

自発神経システムのバランス   オットー128を仙骨下部、脊椎の底にある骨、に置く。目を閉じ、振動が骨盤下部を通じて広がるのを感じる。この点は不対神経節を刺激することで交感神経と副交感神経システムをバランスさせる。

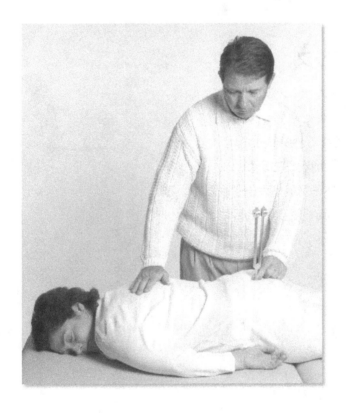

骨盤のバランス　　オットー128を左及び右の後部上部腸骨突起に置き、振動が骨盤全体に広がるのを感じる。この点は腰の筋肉を緩め、骨盤が開いて骨盤内部の臓器の緊張を解く。

視覚点　　オットー128を前頭部に置き振動が頭蓋中に広がるのを感じる。この点は松果体と視覚を刺激する。

関節のバランス　　オットー128はどの関節のまわりの緊張した組織でもそれ
を和らげるのに使える。オットー128は、一酸化窒素を急増させる機能があるの
で、関節炎の症状を緩和させるのに勧めることが出来る。オットー128をどこで
も関節に近い所に置くと、その振動が関節中に伝わることになる。関節の処置で
特定の点はなく、関節のあたりということでよい。

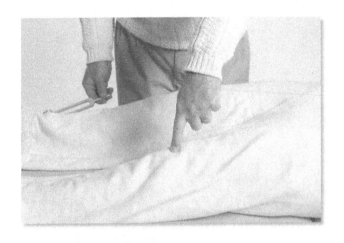

人差し指を使って押したい関節を決める。

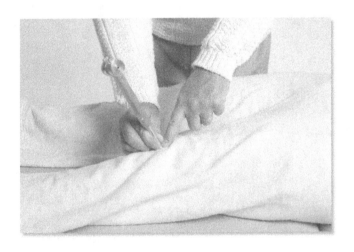

オットー128を打ちその点に押し付ける。

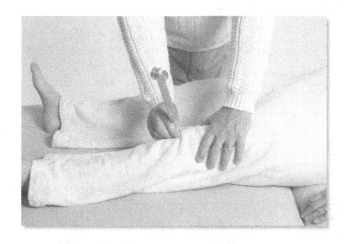

他方の手は体の適切と見えるところに移す。

オットー128のポイントと施術の手順

星形5角形バランスの施術手順

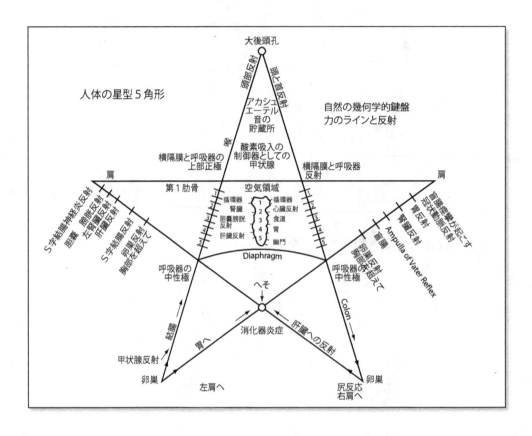

星形5角形施術は体の構造にかぶせる完全5度の比率に基づく心と体のバランスを取ることである。オットー128チューニング・フォークを反射に基づいて稜線に沿うどの場所に置いてもよい。一般的な施療は次のように行う。

ステップ1　第3の目（眉間）そして／あるいは後頭部突起の1インチ下側に直接置く。

ステップ2　左肩の上（肩甲骨の肩峰）。そして右側。

ステップ3　右側尻の上部（後部上部腸骨の頂点）。

ステップ4　右肩の上（肩甲骨の肩峰）。

ステップ5　左側尻の上部（後部上部腸骨の頂点）。

一般に、星形5角形パターンの稜線に沿った波として振動が伝わるのを視覚化する。

TMJ（顎関節）　手続き

ステップ1　2つの首の大きな筋肉が頭の後ろで合わさるところの外側に置く。

ステップ2　側頭骨乳頭突起に置く。

ステップ3　顎関節のちょうど下の下顎に置く

鍼、反射学、手足のツボ治療の補助としての オットー128の使用

オットー128は、鍼の場所、耳、手、足の反射点、そして／あるいはツボを音響的に刺激することが出来る。これらの点へのオットー128の使用は鍼、反射学、ツボの治療についての知識を必要とする。しかし、基本的なポイントは書籍から学べ、使うことが出来る。

　　次に掲げるのはオットー128で使える点を示している本として推奨できるものである。

・　せりざわ、かつすけ:『東洋治療の核心ポイント ツボ』カリフォルニア州 San Francisco: Japan Publications, Inc., 1976.

・　Beaulieu John. *Polarity Therapy Workbook*. Stone Ridge, NY: BioSonic Enterprises, 1992.

オットー64―自律神経システムの均衡

オットー64は64 cps の錘付きチューニング・フォークである。これはオットー128の1オクターブ下にチューニングされていて、オットー128が完全5度の振動で揺れるように、低い音が出る。オットー64は自律神経システムのバランスを取るために仙骨の上に置いて振動させるように特別に設計されている。オットー128も仙骨におくことができる;しかし、オットー64の方が仙骨とより強い共振を起こす低い振動を生成する。

　仙骨は、下の写真に示すように、回腸の間に位置する三角形の骨である。仙骨の下にある小さな骨は尾骨と呼ばれる。

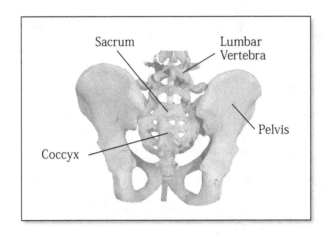

　自律神経システムは、内分泌システムと共に、体の内蔵器を制御し血流、体温、基礎代謝、筋肉調子、さらにリラックスし、敏捷で行動に備えるなど多くの体全体に亘る機能を調節している。自律神経システムは交感神経と副交感神経と呼ばれる２つの部分に分かれる。これら自律神経システムの２つの側面の間の関係は複雑であるが、ここでの目的のためには相互交換作用についてみる。

　これはシーソー・ゲームのように働くということである：交感神経の活動が増加すると、副交感神経の活動は減少すると言った調子である。相互交換の働きは視床下部と呼ばれる脳の中枢で組織されている。交感神経と副交感神経の間のバランスを取った退化は健康と安らぎのために必要である。バランスが崩れると、生理的、心理的、感情的な不安定を惹き起こす。この不安定の性質はどちらが優勢なのかによる。

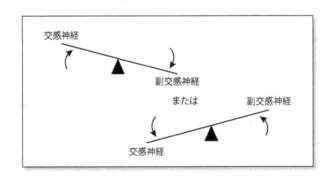

　　オットー64は仙骨に置かれる。仙骨はピアノの響板のように共振器として働く。仙骨は5度の振動を周囲の解剖学的骨格、筋肉、神経に送り出す。施療師はオットー64を正確な点に押し付ける必要はない、というのは一旦仙骨が動きだすと、共振によってチューニング・フォークと同様に働くからである。

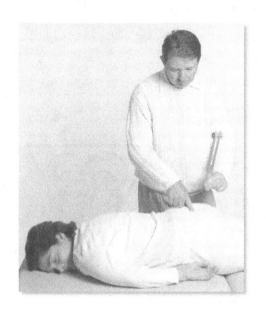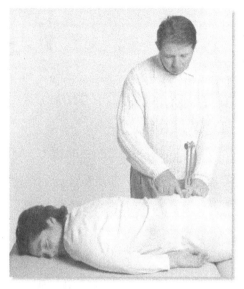

　　解剖学的には、仙骨の振動は尾骨の裏にある不対神経節を刺激し、交感神経システムに直接効果を及ぼす。オットー64による仙骨の振動は自律神経システムを、コンピュータのリセットと同じようにリセットする。それが刺激されると、自律神経システムのシーソー・ゲームが作動を始め、新しいバランスの状態に入る。

　　生活のストレスによって、我々はしばしば交感神経システムで機能している。「闘争か逃亡か」の行動、警戒、即動、目的完遂に備えた状態にいる。それが極端になると、交感神経システムはトラウマから防衛するように働く。衝撃的な出来事があっても、交感神経システムは警戒の高揚状態を保つ。長期にわたるこの高揚状態は、睡眠不足、体の疼き痛み、抑鬱、性的不全、女性の生理不順、それに自己免疫と炎症の疾患など多くの生理的、心理的症状を引き起こす。

　　エネルギー的に、オットー64は骨盤の底部分、会陰と呼ばれる、をリラックスさせる。会陰は解剖学的に地の円環の場所である。占星術では、さそり座と関連している。さそりは暗い岩の下に隠れている。我々は感情と最も深い秘密を会

陰に抑え込んでいる。それらは主な感情が怖れである地の円環の場所に保持されている。あまり性急に現れると、さらに逃げ込むか、さもなくば「毒針で刺す」ことになる。

　オットー64は副交感神経システムに緩やかにシフトさせ、システムを押し潰したりはしない、そんなことをすると交換神経反応を起こしさらにひどい症状になる。神経システムが副交感神経に切り替わると、骨盤領域への血流が増加し、深いくつろぎとなり、受容力の増加となる。

　「仙骨」は聖なる骨を意味する。古代においては、仙骨は力の源と考えられていて、その中にクンダリニのエネルギーの眠れる力を表す蛇がとぐろを巻いているとされた。

　交感神経と副交感神経がバランス状態になると、クンダリニ・エネルギーが自然とわき起こる。ストーン博士は彼の本『仙骨の秘密』 (The Mysterious Sacrum) で言っている：

> 「眠れる力が強烈な集中と熱愛で脳にまで持ち上げられると、蛇の力が生命の樹を上って松果体の隠れ眠っていた力が目覚め、宇宙自覚のパターンを現す。」[6]

---

[6] Dr. Randolph Stone. *Polarity Therapy: The Complete Works Vol II. The Mysterious Sacrum.* Reno, NV: CRCS Publications 1987, p. 14.

オットー32

オットー32チューニング・フォークは末梢神経、リンパ液の流れ、頭蓋縫合の動きを刺激する大きなチューニング・フォークである。オットー32を使う技術はチューニング・フォークの真ん中あたりを手の平の下の方で打つことである。これでチューニング・フォークを動作状態にでき、錘と先端部が揺れるのを見れる

　　次に、オットー32を作用させたい体の部位に持っていき、皮膚からほんの少し離れたところで動かす。

リンパ施術

リンパ管施術は体中どこでも行える。リンパ液の流れる方向にオットー32を水を流すようにして用いる。

　　オットー32を皮膚の上に持って始める。オットー32を手で打ち図の矢印の方向に移動する。心臓にむかうって動かすと覚えるとよい。動きはゆっくりで波が押し寄せては帰るようにする。全身でリンパ施療を行ってもよいし特定の領域だけ行ってもよい。もしリンパ液がよどんで、冷たく、非常にゆっくり動くと感じたなら、いったん止め、オットー32を直接その領域に置く。あまり深く押さず、組織が振動しリンパを刺激するのに十分なだけとする。

頭蓋縫合施療

頭蓋骨が動けることは一般健康と安らぎにとって非常に重要である。頭蓋縫合は、伝統医学では融着していると信じられていたが、頭蓋骨医療では生涯を通じて動きを保っていると考えられている。その動きは微小であるが、それでも訓練された施療師には触診され得る。この微小な動きは人間チューニングで出来ることが多くある。頭蓋全体は結晶のアンテナで各骨は周波数を受け取るため異なる方向に自由に動くと想定することが出来る。

　　頭蓋骨の動きが縫合の拘束のため制限されていると、その結果多くの症状が現れる。頭蓋骨施療の創始者、ウイリアム・G・サザーランド博士、はさまざまな頭蓋骨の動きを制限できるヘルメット型道具を開発した。そして、関節の疼きと痛み、頭痛、抑鬱、そして消化不良などのさまざまな症状が出たと報告している。私は頭蓋治療の研究を1974年に英国整骨学校の長だったアーサー・リンカーン・ポウル博士と共に始めた。私はベルブ精神病院での私の患者の中の２人についての経験をするまで、その研究の背景にある理論に確信が持てなかった。

　　　　私がベルブ精神病院で働いていたとき、患者の2人、セリアとトミー、が特殊な器具を頭に付け、頭蓋骨からさまざまな周波数を受けるのを防止していた。それはハンガー用針金、何個かの缶、とアルミ・フォイルから出来ていた。毎日彼らは町角からフォイルやブリキを探してきて防護をさらに固めようとした。

　　　　　私はかなりの時間を割いて自由に暮らしているが知的な人物だったセリアとトミーを理解しようとした。トミーは数学でカレッジの学位を持っていたしセリアは芸術学校に２年通っていた。彼らはニューヨークの「ストリート・ピープル」でいい食事をもらえる病院に入る必要があるときにだけ狂った振る舞いをした。それ以外は自立できていた。

　　　　　私は彼らになぜ特別な頭の防護具を付けるのかを聞いた。トミーはある日ある声が聞こえ始め、それを排除できなかったと語った。彼は二人ともいろいろな周波数に敏感で、時々声を聞くのだと言った。彼は彼の理論でラジオ電波の増加とどのようにし

て我々の頭がそれらの電波の受信器として動作するのかを語った。彼の頭の装置はこれらの周波数と声を排除あるいは弱めた。

　ある日、私はセリアに頭の防護具からフォイルの一枚を抜いてもよいかと聞いた。彼女は同意したが、ほんのしばしの間だけの約束だった。私は小さなアルミ・フォイルを外した。彼女の顔は劇的に変わって、早口で訳の分からないことをしゃべり始めた。トミーは憤慨した。彼は彼女の言っていることを理解していた。私は直ちにフォイルをもとの位置に戻した。セリアの顔はリラックスした。彼女は何が起こったのか思い出せなかった。

　その夜私はセリアのことをずっと考えていた。彼女の話し方は少年時代にペンテコスタル派の人がその方言で話すのを聞いた経験を思い出させた。私はひょっとするとトミーとセリアは同じ局に繋がったのではないかと思い出した。多分彼らが受け取った声と周波数は実際にあるのだと。彼らの頭の器具は確かに機能していたと。トミーとセリアについての考えは禁じられた領域で狂気の境にあるように思えた。当時、私は誤解されるのを恐れてベルブで彼らを他の同僚に診せず、私の担当に留めた。

　「頭の器具」の他方の極端に貴金属と貴石で作られた王家の王冠がある。ある人々はこのような王冠を被る(かぶる)王と女王は神の血を与えられ精霊からの神のメッセージを聞くことができると考えた。その王冠の貴金属と貴石は彼らの王国のための神の導きを受信するための増幅器として機能した。一方トミーとセリアは彼らの「王冠」を周波数を遮断するために着け、王と女王はメッセージを聞くため王冠を着けた。

　1975年に、私は英国から来た整骨師に会った。かれは頭蓋骨が動くことを説明した。整骨医療の一分野として頭蓋を専門に扱う頭蓋整骨があることを教えてくれた。その創始者、ウイリアム・ガーナー・サザーランド博士、が彼の頭蓋骨が動くという理論を証明するため頭の器具を発明したとも言った。その器具は頭にかぶせて、ネジのセットで頭がい骨に圧力をかけた。彼自身への実験で、頭蓋骨の動きを制限すると、頭の疼きと痛み、思考と気分の変化と言った症状を引き起こす可能性があり、さらにある種の病気の原因にもなるかも知れないということを証明した。

　　サザーランド博士と頭の器具の話を聞いている間、私はトミーとセリアの経験を思い出さずにはおれなかった。後ほどサザーランド博士がその経歴の終わりごろに「液体の軽い」エネルギーの波が頭蓋を通りぬけることについての講義をしたことを知った。私はトミーとセリアがサザーランド博士が科学的見地から調べた何かを本能的に気づいていたのではないかと考えだした。

　　縫合の可動性を刺激するため、オットー３２を打ちそれをいずれかの縫合に沿ってゆっくりとなぞる。下の写真は頭蓋の縫合を示している。一つの縫合を通るのが適当である。１回の施術である縫合について２回以上通ってはいけない。

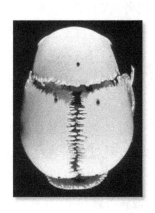 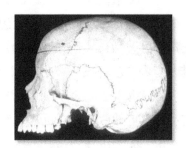

末梢神経施療

末梢神経システムは内的あるいは外的環境の変化によって活性化される感覚受容器で構成される。受容器への刺激は電子的な信号に変換され中央そして/または自立神経システムに伝達され、そこでさまざまな器官にまた我々の考えに影響を与える。末梢神経は良く保護されていないし、毒にさらされ、機械的傷害を受ける。

　　オットー128チューニング・フォークを打ち、緩やかに皮膚の上を移動させると末梢神経システムを刺激し自己修復を助ける。

無響室の夢

一匹の大きな動物が起点が無く行く先も分からない捻じれた影を通ってうろついていた。影の間の空間を歩いていて体の感覚だけでその存在を感じていた。そして頭より上に浮遊している池を発見した。私は「どうして水が浮かんで入れるのか？」と不思議に思った。ちょうどそのとき私は何千もの声が共鳴するハミングのクッションの上にその池を持上げ浮かせているのを聞いた。私も彼らの音をハミングし始めそして自分がその池の水の中に運ばれ上を向いて日の光に見入っていた。水は水晶のように澄んでいて、日の光は何百ものプリズムで屈折して何千もの色で詰まっていた。私は徐々にハミングのピッチを変え、私と他の人の中で異なった音を発した。私のハミングは音の波を送り出し捻じれた影を通って澄んだ池の水の中にそして何千もの色の中にはじけて行った。

　わたしは徘徊している動物を探し始めた。そのため動物の音と共鳴するよう私のハミングのピッチを変えていった。正にそのとき、その動物の音のイメージが戻ってきて私の自覚の中で形を成してきたので、私はハミングしているグループとその動物の間のつながりを感じ始めた。

　私は池を見上げてぴったりその動物の音でハミングした。池の水はかき混ぜられ、何千もの深い悲しみの気泡となって砕けた。突然、多くの色を持った感じの雨が感じられた。私は池が落ちてくると思い、下を見た。するとハミングしている人々の頭が全て後ろに反り返っていて何千の色の音が彼らの喉に降り注いでいた。

惑星チューニング・フォークと
天体の音楽

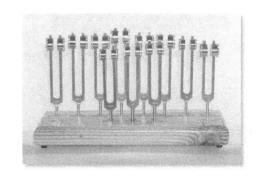

惑星チューニング・フォークは我々と惑星の間に共鳴を起こす。量子力学は量子の粒子は波動でもあり、非常に広い空間に移動する。あるものが空間の狭い領域に閉じ込められた形であると同時に非常に広い空間に広がる波動であるという概念は直感に反する。この理由から、我々は形質と距離を認識しがちである。例えば、惑星は数百万マイル離れた天体だと教わった。これは形質の観点からは正しい；しかし、波動の観点からは、惑星のトーンはこの瞬間にも共鳴で得られる。ラジオあるいはテレビ局は何千マイルも離れているかもしれないが、しかし我々はその距離のことを考えなくても、「その局に居」なくても受信できる。同様に、その惑星にいなくても、惑星を受信できるのである。

　　量子力学は距離を置いた現象にダイアルを合わせられることを「非現場」と呼ぶ。この用語は電子の様な量子的実態が他の量子粒子にどんなに離れていても直ちに影響を与えることを指す。共鳴している量子粒子の行動は接続を保持しているので、一方の行動が常に他方に影響する。非現場は物理学の基礎を打ち砕いてしまった、というのは行動は観測できる空間で観測可能な原因が無くてもよくなってしまうからだ。

　　古代ギリシャの共感の概念は全ての形あるものと宇宙の営みは共振で共鳴している関係にある。禁欲的ヘレニズムの哲学者、ポジドニウス（紀元前 1 世紀）、は「宇宙の共鳴」の教義で知られていて、ピタゴラス派の「天体の音楽」の概念に繋がっていった。ピタゴラスは星と惑星に音楽的な意義を割り当てた。そしてそれらは生活のあらゆる側面の意義に関連を持った。何世紀にも亘って、この概念はプラトー、チチェロ、アレキサンドリアのパイロン、そして初期ルネッサンスのヨハネス・ケプラーによってさらに展開された。

　　ヨハネス・ケプラーは1571年から1630年まで生きた。彼は数学者であり、神秘主義者であった。彼は地球と惑星が太陽の周りを楕円軌道で回っていることを発見したことで知られる。彼はそれを惑星運動の３つの法則で記述した。ケプラーは惑星は太陽の周りを公転する際音を発していると信じた。最初西洋音楽の和音に慣れた彼の耳に基づいてそれらの音は協和していると理論づけた。惑星の軌道が楕円であると発見した後でも、惑星が音を発していると信じた；しかし、その協和については異なった結論にたどり着いた。彼の著作：『世界の和声』でケプラーはこう言っている:

　　「天体の動きは絶え間ないいくつかの声での歌に外ならない、それは耳でなく、知性によって感じることが出来、その音楽は、不協和の緊張、シンコペーション、とカデンツァにもかかわらず、あらかじめ設計された６声のカデンツァに向けて進行していて、従って、計り知れない時間の流れの中の史跡となっている。」[7]

　　惑星チューニング・フォークはケプラーの知性の枠組みあるいは人間の聴覚の領域での歌う惑星のビジョンをもたらしてくれる。惑星チューニング・フォークの音は、スイスの科学者、ハンス・クスト８の理論と数学的計算に基づいている。[8] 惑星のトーンに到達するため、クストは惑星の天文学的期間あるいは軌道周期の逆数値を取った。それは簡単で、わかりやすく、正確である。例えば、地球の自転周期は24時間56分４秒で合計86,164秒である。逆数とは数学用語で1をその数で割ったものである。1/86,164の結果は0.00001160577の周波数である。

　　この周波数は聞こえない；しかし、惑星の音はトーンの通常の可聴性に寄らない。トーンは我々がそれを聞くかどうかに関わらず存在する。メロディーはそれが演奏されなくても鳴り響くことが出来、作曲家は音が実際に創られる前に聞くことが出来る。可聴性と非可聴性は音の連続尺度での部分に過ぎない。人間の可聴域は16cpsから20,000cpsに限られる。こうもりは、例えば、人類の聞くことのできる最高周波数の上の超音波領域の20,000 cpsから100,000cpsを聞くことが出来る。

---

[7] Johannes Kepler. *The Harmony of the World*. Trans. E.J. Aiton. American Philosophical Society, 1997.

[8] Hans Courto. *The Cosmic Octave*. Mendoncino, CA: Life Rhythm Publication, 1988.

　「オクターブの法則」が惑星の音をチューニング・フォークの可聴域に持ち込むのに使われる。オクターブはトーンを２倍あるいは半分にすることである。聞こえない音を聞くため2倍あるいは半分にすることは現代の研究でよく行われることである。最近、科学者たちは深海魚やこうもりの音を超音波域から人間の可聴域にオクターブ変換して使ってきた。またパルサーや星の音をよりよく理解するために可聴域に持ち込むためにも使われている。地球の周波数を24オクターブ上げると、すなわち２４回２倍すると、それは可聴の周波数191.74 cpsとなる。

惑星チューニング

天体	周期	可聴域までの オクターブ	周波数cps	近似的な トーン
地球	365.24 日	32	136.1	C#
太陽	太陽日	32	126.22	
月	29日,12時間	30	210.42	G#
水星	87.96 日	30	141.27	D
金星	224.7日	32	221.23	A
火星	686.98 日	33	144.72	D
木星	11.86年	36	183.58	F#
土星	29.45年	36	147.85	D
天王星	84.01年	39	207.36	G#
海王星	164.78年	40	211.44	A
冥王星	248.43年	41	140.25	D

各惑星のトーンは我々の集団的無意識の奥深い元型である。各惑星チューニング・フォークの音は惑星の元型を活性化する。我々がそれを聞くとき、自身の中に特性が目覚め惑星と共鳴する。この過程をヨハネス・ケプラーは言った：「…versimae Harmoniae archetype, qui intus est in Anima…」—「我々の心にある最も真なるハーモニーの元型」[9]

---

[9] Johannes Kepler. *The Harmony of the World*. Trans. E. J. Aiton. American Philosophical Society, 1997.

　　惑星は宇宙空間で何百万年も鳴り続けてきた。我々はその振動に浸ってきた。そして我々の遺伝子も全ての生物もまた惑星の動きにチューニングしてきた。我々の無意識の心は息をする方法を知っているのと同様にそれを知っている。我々は1つまたは複数の惑星にチューニングされていて、それらの音は無意識の内に我々の行動に影響している。この効果とこれらをよりよく統合するために意識する方法をを理解すると、古代占星術の基礎となる。

　　メソポタミアのカルデア教会の占星術師たちは、星と惑星の動きを49万年にも亘って記録し続けた！カルデア人の占星術師、ベロサスはギリシャの占星術の誕生に貢献した。コス島に居を構え、116才までそこで教えた。紀元1世紀の後半、作家、チャルデアンはベロサスとカルデアの人々について書いた：「12の星座、太陽、月、と5つの惑星が人間の生活にどんな影響を与えるかをカルデア人の占星術と計算から知ることが出来るのを認められるべきである。」[10]

　　カルデア人は観測で天体と自身を分離しなかった。惑星を共鳴を通じて感じた。これが大宇宙と小宇宙のあいだの通信を封入する錬金の原理「以上のごとく、以下もまた然り」に後になって繋がった。チャールス・ミューゼスは「アレキサンドリアの王冠の宝石は、当時共鳴と呼ばれたものの力によって、全てのものごとを整理した関連性の教理である。この遠大な思想を我々の解析的、科学的用語にするには、なにがしかの波、すなわち、時間空間での周期性への共振（あるいは反共振）で生成された共感（あるいは反感）で原理的に統括された全体論的なシステムの洗練された概念を必要とする」ことを信じた。[11]

　　カルデア文明の絶頂期の世界観は我々のものとはずいぶん異なる。それが原始的であるとか表面的であると言うのは大きな間違いである。彼ら自身を数の計算で表現する代わりに、神話と象徴の言葉を選んだのである。彼らの発見して残したものは、占星術の元型的な象徴を通じて我々にまで受け継がれてきたのである。惑星と共にありそれを感じるという直接的な経験と、非常に多くの知識の源は、惑星チューニング・フォークを通じて再発見される。

　　惑星チューニング・フォークの概念と惑星共鳴は、シューマン共鳴として知られる地磁気の波動周波数の発見に照らしてみるとそれほど異常なものではない。この共鳴は地球表面と電離層との間で7.8毎秒サイクルの周波数の磁気振動である。同じ周波数が脳のアルファ波パターンと相関があり、深い瞑想状態と

---

[10] Marcus Vitruvius Pollio. *The Ten Books on Architecture*. Trans. M. H. Morgan. New York: Dover Publications, Inc., 1960.

[11] Ibid., pg. 147.

も関連がある。祈祷師の儀式の間の意識の別状態で起こる大地の女神ガイアの
周波数であるかもしれない。この周波数にチューニングすることで我々は地球と
一体になる。

　どの惑星チューニング・フォークに聞き入っても、あるいは体に置いても、そ
れはその惑星の上にいるようなものである。惑星チューニング・フォークによっ
て、我々はその惑星の共鳴場に入り、そしてその特性にチューニングされること
が可能である。次の一覧表が各惑星の基礎特性である。その惑星へのチューニ
ング実施と併せて用いるとよい。

惑星の特性

地球 .... 安定性と基礎

太陽 .... 光、暖かさ、喜び、そして明るくすること

月............ 愛、感受性、創造性、女らしさ、生命

水星 .... 知性、柔軟性、素早さ

金星 .... 美、愛、性、ハーモニー

火星 .... 力、エネルギー、自由、ユーモア

木星 .... 成長、成功、正義、精神性

土星 .... 焦点、境界

海王星 .... 想像、精神的愛、秘密

天王星 .... 自発性、独立、独自性

冥王星 .... 力、変化、危機

惑星へのチューニング実施

チューニングしたい惑星を選ぶ。安全な場所で静かに座り、その惑星を呼
ぶ。「呼ぶ」というのは共鳴したいその惑星を求めことであり、その惑星の
波動特性にチューニングする通り道である。呼び込むことで心がその惑星を認
知する瞬間は、ラジオのチューニングのダイアルをある局に合わせるようなもの
である。このとき、気が付くかどうかにかかわらず、その惑星から受信している。

　その惑星と共鳴するチューニング・フォークを取りあげ鳴らす。それを左の
耳に持っていき、その音をハミングする。もう一度打って右の耳に持っていき、そ
の音をハミングする。チューニング・フォークを目の近くに持っていきその惑星の

音をハミングする。もし、チューニングがあったかどうか確かでなければ、チューニング・フォークを打ちもう一度耳に持っていく。ハミングを小さくしていきその音が共鳴し「音の思想」として中に入り込むようにする。

記録

その惑星から受け取った特別な通信があったか？

その惑星と共鳴したときの思考に気をつけるように。

その惑星と共鳴したときの感情に気をつけるように。

その惑星と共鳴したときの体の変化に気をつけるように。

追加の観察

脳チューニング

脳チューニングは音を信号として脳に送り、デルタ、シータ、アルファ、そしてベータと呼ばれる意識の別状態に転移させるために設計されたチューニング・フォークである。それぞれの意識の状態は脳の電子脳波記録（EEG）技術で計測される脳波の周波数に基づく。研究によると２４時間の間に、我々は自然にこれらの意識の状態に転移して入ったり出たりして異なる生活活動と仕事を最大能力でするようになっている。デルタ、シータ、アルファ、そしてベータの脳の周波数は常にEEGの上に現れている。そして意識の状態を決定しているのは最も大きい振幅を持つ周波数である。例えば、もしアルファ周波数が大きい振幅で現れていると、アルファの意識状態にいる。シータ、デルタ、とベータの脳波サイクルも出ているが小さい振幅である。

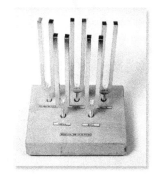

デルタ

デルタ周波数は1cpsから3cps で EEG
機器では このように見える。

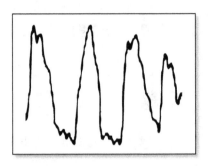

　デルタ周波数は深い眠りに関連してい
る。偉大なヨガ行者、パンタンジャリは良質
な深い眠りは無の思考の波であると言って
いる。デルタ周波数の間、我々は、その根源、
ユニバーサル・エネルギー場、と繋がり、それ
は体と心を修理し再生するエネルギーを与える。

シータ

ータの周波数は4cpsから6cps で
EEG 機器では このように見える。

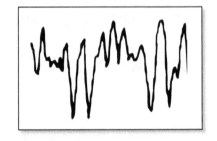

　シータは黄昏の状態とされ、よく神秘的
経験と関連づけられる。これは深い眠りに入
る前にいる状態である。また、深い眠りから
上昇して覚醒の意識に入るときにも見られ
る。シータの意識は白日夢の状態と関連付けられる。それは鮮明な映像と明瞭
な音声の知覚を伴っている。シータの意識では、超意識精神からの情報を受け
取ることが出来、その中に癒しの声をよく聴くことが出来る。

　シータは学習や記憶への関門と関連付けられる。シータの意識にある間
は、無意識の資源によりよくアクセスすることが出来、より多く記憶にもアクセス
できる。これは、学習している教材は無意識の心に刻みこまれ、そしてシータ意
識を通してアクセスされるので、学習への関門である。しばしば、何かについて知
りあるいは強い本能を持っているときには、シータの意識に転移してその瞬間
に必要な重要な記憶や学習にアクセスしている。

アルファ

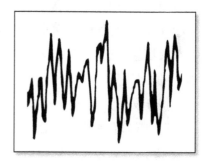

アルファの周波数は7 cpsから12 cps でEEG機器では このように見える。

アルファの意識は活動中にリラックスし集中するのに関連付けられる。スポーツにおいて、アルファ意識は「その域」と呼ばれ、競技者が最大の能力で演技している状態である。アルファ意識は情報を高いレートで処理することを可能にする。このため、強化学習と関連付けられる。競技者は競技場の全体を見ることが出来、要求されていることを知り、ぴったり何をするべきか「知っている」。普通の人は、ペースを下げ創造的解決を見つける必要がある問題解決の場でアルファ意識に入る。

この理由から、アルファ意識は枠を超えた思考と関連付けられる。シータのときと同様、それは夢のような特性を持っている。しかし、アルファの夢は覚醒状態と日々の生活からの要求に関連づけられている。アルファにいるとき、その日を視覚化し、活動を計画することが出来る。内省的、創造的であることが出来、他の状態では得られない解決を見ることが出来る。多くの芸術家や科学者が眠りに就こうとする直前に問題への回答あるいは解決を発見すると語っている。覚醒の心がまだ働いていて、かつ意識が通常の焦点を超えて拡大する。突然に、何か違うものを「見」そして解決が現れる。

ベータ

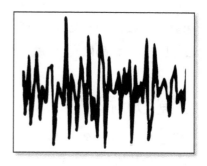

ベータ周波数は 13 cps to 20 cpsそして脳波機器ではこのように見える。

ベータの自覚は高められた警戒と極限の集中と関連付けられている。ベータにあるときには集中しそして「ことを成し遂げる」。心は素早く動き、体もそれについていく。作業を見、そして直ちに取り掛かる。エネルギーのレベルは高まり、動機づけられている。自覚が高められているので、それを完遂できることを知っている。ベータ自覚での呪文は「行け、行け、行け」でさらに「やれ、やれ、やれ」である。

　しかし、ベータ自覚が際立っているときには、ストレスによってＡ型人格、燃え尽きに至ると言った障害と関連している。ベータ意識は作業を完遂するのに必要であるが、しかし、アルファ、シータ、デルタとバランスしているべきである。ことをなり遂げるにはアルファのビジョン、シータの深い知恵、そしてデルタのよい夜の眠りが必要だ。

　脳チューナー・チューニング・フォークが1つは左耳に1つは右耳に同時になった時、脳の右左の半球は、それらの間の差音によって2つの音を統合するように協調する。この差音は両耳の唸りと呼ばれる。それは2つのチューニング・フォークの間を移動する振動のように聞こえる。脳を必要な自覚状態と同期させるのはこの両耳の唸りである。例えば、シータ周波数は、基本脳チューナー・チューニング・フォーク、すなわち256 cps を片方の耳で、そしてデルタ・チューニング・フォーク、すなわち261 cps を他方の耳で鳴らすことで造られる。そうすると、これらの間の差音、261 cps–256 cps、は5 cps の両耳の唸りとなる。これはシータ周波数帯の真ん中に当たる。

　研究者は両耳の唸りの感覚は脳幹に位置する上部オリーブ核から発すると信じている。これは3次元の中で音の源を位置づけるのを助ける脳の領域である。チューニング・フォークの両耳の唸りを聞いたとき、上部オリーブ核は研究者が周波数追随反応と呼ぶ機構によって音を統合しようとする。その結果脳全体の振動がチューニング・フォークの両耳の唸りの方に移動する。この過程は引き込みと呼ばれる。

　高度の健康状態で機能するためには、24時間中デルタ、シータ、アルファ、ベータに出入りする転移を必要とする。車が道路の状況に応じて異なったギアにシフトするのを想像することが出来る。各々のギアは、速い立ち上げ、巡行、坂を登る、減速と言った異なった目的を持っている。同様に、我々は生活の難関をこなしていくために異なった自覚の状態に出入りする転移を必要とする。

自覚の転移

　デルタ、シータ、アルファ、ベータの間を転移させる手順はまず現在の自覚の状態を識別することから始める。これらの行動様式を識別するには、行動を観察、記録し、異なった自覚状態に関係する行動様式と関連付けてみる。例えば、あるプロジェクトを行っていて、同時に翌日の活動を計画しているとすると、それはベータ状態を示しているであろう。

　次に、現在の自覚の状態について感じた感覚に注目する。この手順で、行動
様式と感じた感覚を関連付けるのはいくつかに理由で重要である。第1に、感じ
た感覚は知的な物ではない。それでしばらく試している間に、自覚の状態を行動
様式について考える必要なしで識別できるようになるだろう。第2に、感じた感
覚は自覚の状態の振動を感知するための関門である。2つのチューニング・フォ
ークの音はデルタ、シータ、アルファ、ベータの振動と共鳴する両耳の唸りを産む
ように相互作用する。時と共に、チューニング・フォークの両耳の唸りと自覚の状
態の転移をチューニング・フォークの必要なく学習できるようになる。

　感じた感覚は体から生まれ出た世界共通の感情である。感じた感覚に注目
するには、深呼吸して体全体の感覚を得るようにする。最初は、重い、不快、いら
立つ、軽い、そわそわ、ほぐれた、引き締まったと言った体の特性の感じとして現
れるかも知れない。誰かが、「イライラする」とか「羽のように軽い」とか言ったと
き、それは感じた感覚に注目して、浮かんだ言葉で言い表している。感じた感覚
は体の意識の自覚であり、知性ではない。

　次のステップは感じた感覚のリズムに注目することを必要とする。例えば、
緊張の感じた感覚があるとしよう。感じた感覚を増幅するため、こぶしを作り、緊
張が感じた感覚に一致するまで握り締める。次に、緊張のリズムに注目する。そ
れは緊張の基に横たわるかすかな震いや動きの特性として現れる。これは自覚
の状態のリズムを全身で感知することに繋がる。一般に、リズムの範囲は遅いも
のから速いものまで広がっていて、デルタではゆっくりしたリズム、そしてベータ
では速いリズムである。

　行動を識別し感じた感覚そして現在の状態のリズムに注目出来ると、その
状態と共鳴するチューニング・フォークを選択する。例えば、アルファ状態にある
と識別できたなら、基本脳チューニング・フォークとアルファ脳チューナー・チュ
ーニング・フォークとを選ぶ。膝で打ち、右あるいは左の耳に持っていく。自身を
チューニング・フォークで生成される両耳唸りと合体するに任せ、そして同時に
現在の自覚の状態の全ての特性にその唸りを結びつける。

　次に、現在の自覚の状態がその瞬間の自身と生活にとって適切であるかど
うかを自問する。もし答えがはいであるなら、手続きは終わる。もし答えがいいえ
であるなら、他の自覚状態に転移する必要がある。望む自覚状態を特定すること
から始める。現在いるところから一つ上あるいは一つ下にある自覚状態に的を
絞るのが一番良い。例えば、ベータにいるなら、アルファに絞るのが一番良い。ア
ルファにいるなら、ベータかシータかに絞ることが出来る。

　　望む自覚状態に結びついた脳チューナー・チューニング・フォークを選ぶ。
例えば、アルファ状態からシータに転移したいなら、基本脳チューニング・フォー
クとシータ脳チューナー・チューニング・フォークとを選ぶ。転移したい状態を視
覚化し、同時にその状態の感じた感覚とリズムを思い出す。基本脳チューニン
グ・フォークとシータ・チューニング・フォークとを膝で打ち、右と左の耳に持って
いく。チューニング・フォークで生成される両耳唸り自身を合体させる。

脳チューナー練習

脳チューナーを用いる目的は、異なる自覚状態を認識しそこに転移するよ
うに神経システムを訓練することである。聴覚と神経システムが各々の
自覚状態と関連した両耳唸りに慣れてくるほど、ある状態から他の状態に転移す
るのが易しくなる。この練習の目的は、異なる自覚状態を認識しそこに転移する
ように心と神経システムを訓練することである。

1.　安全で静かな場所をみつけ脳チューナー・チューニング・フォークを並べる。

2.　ベータから練習を始める。基本脳チューナー・チューニング・フォークを左手に、ベータチ
　　ューニング・フォークを右手にもつ。ベータの自覚の感じた感覚を視覚化し、
　　「準備できました。ベータに転移し学ぶことが出来ます」と言う。

3.　深呼吸をし、脳チューナー・チューニング・フォークを膝で打ち、耳に持ってい
　　く。ベータの両耳唸りで瞑想し、体が音に一体となるのに任せる。

4.　チューニング・フォークを置き目を閉じる。ベータの両耳唸りを思い出し、体
　　のある場所を探して錨と呼び、ベータの感じた感覚が宿る場所とする。その
　　場所に触れ、「ベータ」と言う。

5.　少し間を置き、そして目を開ける。ステップ2に戻ってこの手順をアルファ、
　　シータ、デルタについて繰り返す。

6.　デルタから、その日を続けるのに必要な自覚状態に戻ることをする。例えば、
　　脳チューナー練習を練る前にしたのなら、シータで終わりたいであろう。例え
　　ば、脳チューナー練習を午後にしたのなら、アルファあるいはベータで終わり
　　たいであろう。

第3部

————■————

音 随想

ミューズの神を取り戻す

芸術を学び練習することは音の繊細さ、色彩、動き、タッチ、趣味、そしてリズムを正しく評価する能力を育てる。芸術性は生活を生きる価値あるものにする。日本人にとって食べ物の空間的視覚的配置が味と共に重要である。中国の武闘技太極拳では流れと動きが如何に敵を打ち負かすかを学ぶよりずっと重要である。流れとリズムのセンスがあるマッサージは特別な『芸術的技』となっている。こういった特性なくしては、マッサージは機械的にプログラムされた出来事に過ぎない。タイミングと声に共鳴のセンスがある医師は癒しの『臨床マナー』をもたらす。

　個人的な芸術のセンスは科学者がその仕事をするために必要な基礎を創る。アルバート・アインシュタインはバイオリンを弾いているときに相対性理論を発見した。音楽を演奏することは彼を宇宙を創造的に理解することに導き、彼はそれをさらに数の世界に翻訳した。彼は行くところ全てにバイオリンを携えていた。芸術のセンスのない科学者は、ボタンを押すと何が起こるかを知っている技術者に過ぎない。ボタンを押すときに、いかにボタンを押すか、ボタンを押すために行われた手続き、そして環境との関係は重要ではない。

　運動競技で芸術的特性の滋養は重要である。婦人プロ・ゴルフ協会のエミイ・オルコットはゴルフをするときの彼女を芸術家であるとしている。彼女は音楽と絵画の訓練について、ゴルフのラウンド中に行う選択の洗練さを評価する準備として必要なものと語る。彼女にとってゴルフをプレイすることは絵を描くことの様なものである。

　ミューズの神は至る所でいつも我々と共にある。どの瞬間に置いても我々の耳にささやく:

エネルギーは

音として聞かれ

動きとして感じられ

色として見られ

味として味わわれ

匂いとして嗅がれ

聞きなさい...

前奏曲

エネルギーは流れと通路を通じて我々を引き、回し、引き寄せる。映像は見えては隠れ、そよ風と強風のように、感覚は起こっては消える。我々は内なる大海に放たれている：戻ることは無い。内なる耳で航海しなければならない、自己を超えて聞き、そして戻って進路を調整しなければならない。我々は帰還の周波数を求めて聞く。周波数は我々を誘導する。水中に没したアトランティスに泳いで行くイルカのようだ。水面下から沸き起こってくるピッチで歌っている、道を求めて響く。ピッチが正しいとき、共鳴し突然チューニング・フォークのように震動する。我々は帰還の周波数となる。誤るはずはない。我々は帰り着いた。

共鳴

「スウィングに乗らなきゃ、物にならない。」 ── デューク・エリントン

共鳴(resonance)はラテン語の[音に戻る]という意味の動詞resonareから来ている。これはエコーにあるように音と戻り音を意味する。通常共鳴をベルの様な物体に関して考え、打たれると最初の音を鳴らし続けるあるいは共鳴することを指す。他のタイプの共鳴は共振共鳴と呼ばれる。チューニング・フォークを打ったとき、同じピッチの他のチューニング・フォークが最初のフォークと共に振動し始める。共鳴はエネルギーが２つ以上の物体間で行きつ戻りつして移動するとき造られる融合と理解することが出来る

　　共鳴の反対は不協和である。不協和はエネルギーが２つ以上の物体の間で行きつ戻りつ移動するが単一の振動に合わさることがないときに起こる。振動はお互いに対抗して揺れる。不協和が共鳴になった時解決が起こる。日常生活での不協和、解決、共鳴を個人的に感知することは音による指標として働く。このような日常生活での感知を聞き、区別し、評価することを学ぶのは良い生活にとっての基本である。

　　特別な人に会ったり、何か正しい行いをしたときに共鳴を経験する。共鳴の経験が長く続き深いほど、より恍惚となる。生活は共鳴の好みで響く言葉に満ちている。「調子が合う」あるいは「同じ波長にある」は共鳴の経験を記述している。繋がりを持つ、上々の調子で、あるいは単純に「わーっ」などもその例である。何かが正しいとき、「ピンとくる」という。

　　想像してみよう：全ての宇宙ー我々の知る全て、自動車、コンピュータ、飛行機、家、ビルディング、湖、大洋、大陸、骨、肉、そして神経を含んで、これらが夢の映像の泉であり隠れた音によって生成され支持されていると。さらに、想像してみよう：我々の行い考える事の全てが、良くても悪くても、道徳的であろうとなかろうと、それがその音を探し求め、合体しようとする試みであると。目的は泉の源へ戻ることである。我々が物を価値、すなわち、男か女か、自動車かなど、で認識するかも知れないが、本当の魅力はその人や物が現れたときに経験する共鳴である。経験は我々をチューニング・フォークのように震動させ、内なる旅を確かめる音での帰巣ブイになる。

　　子どもとして、遊び心は我々をある共鳴の経験から次へと導く。シーソーゲーム、ブランコ、正しいタイミングで風邪をつかむ凧揚げ、球をつかみ打つ野球、

自転車に乗る、岩を飛び越す、人形やぬいぐるみの動物と仲良しになる、これらは全て子供の世界の魔法の一部である。子供はすぐにブランコで前に押し出しあるいは後ろに傾くことを覚える。ブランコの「正しい感じ」を得るまで何度も何度も試みるだろう。これはポンプの押しがブランコの自然なリズムとぴったり協和するときである。それには教室も知的な理由も必要がない。どうしてだか「ただ知っている」共鳴の感覚が、彼らの導きでありゴールである。

　光の湧き上がる流れに浮かんでいる空気の様な存在だと装ってみよう。ある日特別な音を聞くようになる。2つの音があり、合体し始める。軽い体は振動を始める。その音にひれ伏して、共鳴の恍惚状態に入る。

　我々が新しい体にたどり着いたとき、直ちに共鳴を求める。乳児は母と父に結びつく。新しく生まれた乳児と母を一緒に見ることは素晴らしい経験である。彼らの体はユニゾンで振動するチューニング・フォークのようなものである。私は息子が生まれたときの言い表せられない感覚を思い出す。仕事のリズムに圧倒されて分娩室にいる。押しては押す、息子が世界への道を脈動するとき、私は妻とユニゾンで呼吸した。

　新しい量子力学では、物質は共鳴する粒子とみなされる。粒子は電子と陽子が光速近くまで加速されたとき造りだされる。衝突はエネルギーの爆発を産み、その中で粒子が形づくられる。ベルが打たれて鳴り続けるように、衝突のエネルギーは自身に共鳴あるいはフィードバックし続ける。

　量子力学の世界では、物質は同時に粒子であり波動である。波動であるから、各粒子は特定の周波数あるいは振動である。従って、原子核内部の世界では、振動する様子でそれが何なのかが決まる。全ての衝突が粒子を創るわけではない；共鳴した衝突のみが粒子を創る。核内の世界で粒子を探求している物理学者たちは彼らがしていることを「共鳴狩り」と呼んでいる。

　物理学者、ウエルナー・ハイゼンベルグは量子の世界で経験したことを表現するためにアリストテレスから2つの単語を借りた—potentia（潜在力）と actuality（現実）である。「見ていない」世界は潜在性である。ハイゼンベルグにとって、量子波は現実の未だ検証されていない可能性であった。量子波は存在あるいは現実ではなく、存在する傾向である。「音楽的経験」と原子内の現実の間の並行性は非常に類似している。物理学者はほとんど共鳴を「見」て位置づけるための数字と実験装置に頼っている。芸術家はそのセンスと直感に頼っている。

　会話は2人以上の人々の間の共鳴である。認知共鳴は誰かが同意できるアイデアや概念を語った時に起こる。政治家は可能性ある投票者と認知共鳴する

機会を高めるため、常に一般論で語る。感情的には、我々は感情的共鳴について語る。これが、同情、反感、共感、テレパシー、無関心などの言葉のもとになっている。他の人から感情的な状態と感覚を捉えるとき、我々は同情的だと言う。感情を伴う人は他の人に同様な感情を惹き起こすチューニング・フォークの様なものである。他の人が感情に対抗していると、その人は反抗し、不協和あるいは共鳴の無いことになる。これが反感である。共感は他の人の感情に合体した状態である。我々は自身が他者と同じになるまで他者の振動場と共鳴するのに任せる。

　理想は共感の反応にある間も自身の意識に留まることである。自覚した共感は癒しの技術の基礎であり、他者の経験を理解する鍵である。共感にあるとき、距離として知っている物は存在しなくなる。そして同じ共鳴の場にいる。従って他者を遠距離で経験することが可能である。これがテレパシーの反応あるいは離れた場所での反応の感情である。無関心は感情の無いことを意味する。無関心の時には共鳴が無い。

　霊的レベルで共鳴する通信は霊的交感と呼ばれる。保健の専門家は顧客から共感的反応を得ている間、注意を心理的、感情的、生理的手続きに集中するよう訓練されているが、しばしば彼らと患者との間に特別な霊的交感があると報告している。

　信仰治療師はこれらのレベルを飛ばして霊的な物にのみ集中する。彼らは両手を体に置き、自身が共感的に共鳴し、霊が導くところどこへでも向かうのに任せる。その結果その人と治療者との間の交流は神の交感となる。「音に戻る」共鳴は癒しの反応を産む。この意味で、学術的訓練あるいは解析的理解に関わらず、我々は洞察や研究が有効になるため皆信仰治療師にならなければならない。

　エリザベス・キューブラ―・ロスが語った物語を思いだす。彼女は死に行く人々に助言を与える精神科医を訓練する任務にあった。若い医師たちは患者の生理的条件と死の精神力動について多くの知識を持っていた。しかし、キューブラ―・ロスは医療医師が患者と話して部屋を出た後、患者は非常に多くの場合動揺し、狼狽していることに気付いた。

　ある日、掃除婦が患者の部屋を出た後、患者が自分で安心し、安らかに呼吸し、オープンにしゃべるのに気付いた。彼女は、その掃除婦に何をしたのかと尋ねた。その掃除婦は、高校さえも出ていなかったが、彼女の家族で多くの死を経験してきたと言った。彼女はただその人々のことを「感じ」、そして掃除の後しばしの間彼らとただ座っていたと言った。キューブラ―・ロスは、彼女の「ただ座り」

死に行く人と共にいる能力が医師たちに欠けているものだと悟った。同僚たち
は落胆したが、彼女はその掃除婦を彼女の補佐教員にした。

　触れることでの共感共鳴の経験はマッサージ師たちから多くの名前を与え
られてきた。ジョン・アプレジャー博士はそれを「併合」と呼び、全ての良い身体
施療の必要条件とみなした。「アイデアは調べている体と自分の体の触れている
部分を併合することである。この併合が起きると、患者の体が行っていることを
自分の体の触れている部分もする。それが同期となる… 目的は患者に触診をし
ている自分の体の部分に患者の体がしていること、そしてそうでなければあなた
がそこにいなくてもするだろうということと同じことをさせることである。」トラガ
ー療法の創始者、ミルトン・トラガー博士は、共感共鳴を表すのに、「繋ぎ留め」と
言う語を使う。極性療法の創始者、ランドルフ・ストーン博士は、共感共鳴を「そ
のエネルギーにチューニングする」と言う。

　体の同期は伝統的に会話相談での「親密さの達成」と呼ばれている。神経‐
言語学のプログラミングでは、「歩調合せ」と呼ばれる。歩調合せなしでは、何の
通信もない。ウイリアム・コンドン博士の研究では人間のやり取りを録画して細
かく分析し、2人のやり取りの間リズミックな体の動きに精密な同期があること
を明らかにした。この同期性は目には見えず、参加者に気付かれていない。

　ミルトン・エリクソン博士はこれが「患者の現実に入り込む」には必要である
と考えている。彼は時々何年もかけて患者の世界観、体の動き、そして会話のパ
ターンを理解し、事実を嵌め合わせた。精神科医、R.D.ラインは「患者の現実に
入り込む」原理を「統合失調症の旅路」の中の記述で示している。ラインは何日
も患者と共に過ごし衣装室にまで入って患者の現実と共鳴する経験をした。

　愛の共鳴の経験は非常に強力であり、それを失うまいとして何でもしようと
する。最初に共鳴があった。

　彼女の眼に私は私が神秘的で、未知、興奮に満ち、活気があるように読み取
った。彼女は私の心を目覚めさせた愛人であり、各々の鼓動が反響し、ビジョン、
夢は私は誰かを思い出させるものになる。彼女は最高に甘い妙薬の化身であ
る。我々は飲み、他のものが霧の中に消え去り、そして合体の力によってむさぶ
るように食いつくされる迄一体となる。

　この経験は非常に壮麗であり、それが永遠に起こるよう望む。しかし、保とう
とする瞬間、経験、感覚は消え去る。恋に落ちたその同じ人が突然変わってしま
う。それは手を伸ばし手の平で鳴り響くベルに置きそれが永遠に鳴り続くように
する様なものである。鳴っていた特性が消えてしまうとき驚く。さらに事態を悪く

するのは、ベルをさらに強くつかみ、時にはそれを打ってもう一度鳴らせようとする。最後には諦める。この「掴もうとするエネルギー」を保持することはできない。我々は「生命は無関係」あるいは「興奮は消え去った。」と言う。

　診療の間、客は妻との関係を「響きは消えた」と表現する。彼はそれを取り戻すためなんでもしてきた。そして彼の声のトーンからすると「なんでも」は彼女を掴み、離さないための全ての可能性を意味したことは明らかだった。共鳴、あるいは関係の鳴り響くベルの特性は降伏によってのみ養われる。これは相手を保つためには相手を諦めなければならないことを意味する。これは矛盾に見える。音の意識からの経験では、それは非常に真に迫ったものになる。

　誰もが共鳴を望む。行動基準、関係、地位、外見、文化、ライフ・スタイル、趣味に関係なく、我々は共鳴を求めて聞き入る。共鳴の個々の経験で、源に接近することが出来る。源に接近するほど、「音の心と体の存在」となることが出来る。共鳴はどこにもいつでもある。誰もが宇宙のコンサートの最前列にいる。

間奏

紙や枯葉と言った通りのごみは一陣の風に拾い上げられ渦になって舞い上がり捻じれて屈曲したパターンを造ってループする。それぞれ異なった形をした、捨てられ重要でもなかった、紙が、突如生き生きし、鼓動し、そして空気と目に見えない合併の力が働いて、浮遊し、沈み、滑空し、曲がり、ねじれる中を動いていく。聞いてごらん…精神のマスターはどこにでもある。

不協和音

不協和音を識別し、理解し、敬意を払うことを学習することは、新しいレベルの生活と健康につながる。不協和音は音が揃っていないことあるいは「ぶつかる」ことを意味する。不協和音への最初の反応は、音楽あるいは生活に於いて、望まれていないもの、あるいは避けたいものとレッテルを張ることである。イゴール・ストラビンスキーが『春の祭典』を初演した時多くの聴衆が暴動を起こした。彼らはその音楽にある恐ろしい不協和音がその原因だと言及した。一団の医者は人々の耳を損傷したとしてストラビンスキーを訴えた。今日多くの人が春の祭典の不協和音が調和していることを見出している。

中世を通じて、カソリック教会はどの音楽的なトーンと音程が精神的なのかを決めた。新しい音楽の音は通常異端とされ悪魔の仕業と考えられた。信じられないことであるが、多くの人々が、「悪い音」を弾いたために処刑され拷問に掛けられた。

ピアノのキイボードの所に行きCとGとを弾く、そしてCとGのオクターブを弾く、

もし暗黒時代に住んでいたら、音楽界の星となる途上にあるかも知れない。今度は
CとG、続いてCとF♯。うおっ！あなたは命取りとなる間違いをした。いまやあなた
は火刑台で焼かれるかもっとひどいことになる道を進んでいる。CとF♯は悪魔の音
程と考えられた。

　不協和音の生活経験は大きく変わる。不協和音に対してよく使われる言葉
はストレスである。ハンス・セリエ博士はストレスを変化への適応であると定義す
る。変化に反抗する者はストレスを苦痛と受け取る。変化を受け入れる者は同じ
ストレスを陶酔あるいはU－ストレスとして経験する。言い換えると、ある者にと
って苦痛であるものが、他者には陶酔であるかも知れない。これは何故ストラビ
ンスキーの春の祭典の様な音楽作品の不協和音がある者にとって恐ろしく、他
者には美しいのかを科学的見地から説明する。

　ある子供がブランコを学習する過程は不協和音の原理が新しい技能を得る
ための必要な要素であることを説明している。子供は何百回もの失敗を経てちょ
うど正しいタイミングでブランコを引くことを学ぶ。失敗した引きは揺れの希望す
る感覚と合っていないので、子供にとってフラストレーションと受け取られる。「引
き続けて何も起こらなかったらどうしてブランコを学ぶことができるのか？」

　結局、他の子どもを見て、親から手ほどきを受けて、多くの小さな成功を成し
遂げて、子供はブランコの「正しい感覚」を自分のものにしていく。「正しい感覚」
に対して失敗は皮肉なことに不協和音の状態を増大することになる。正しい方法
へのアイデアが無いときには、間違った方法も受け入れられる。正しい方法の経
験をすると、間違った方法はさらに不協和音と見える。

　ある日何かが起こる、正しい動き、「事故」、あるいは誰かが何か「合点の行
く」ことを言うなど、それで突然に子供はブランコをどうするかを知る。その子は
ブランコを何度も何度もちょうど正しいタイミングで引くことが出来る。このとき以
降、その子供はそれ以降の人生を通じてブランコの方法を知ることになる。

　ノーベル賞受賞の物理学者、イリア・プリゴギン博士は化学システムを調べ
ていて、不協和音の重要性を発見した。彼はその発見を「カオスから秩序へ」と表
した。プリゴギンはシステムが変化し、より高い機能状態に入るには、まず崩壊あ
るいはカオスの状態を通らなければならないことをを証明した。カオスに対して
使われる音の言葉は不協和音である。

　プリゴギンは不協和音の決定的な役割が、生命体がより高いレベルの秩序
に進化するのに働いていることを指摘した。彼は時と共に全ての生命体はシステ
ムに内在する変動あるいは不協和音でさらに大きなエネルギーを消費するよう

になることを発見した。時間の経過とともに、これらの不協和音は振幅を増し、シ
ステムを均衡からさらにもっと移動していくのを惹き起こしている。直ぐに全てが
震え始める。震えはシステム内にそれまであった秩序が粉々になり、システムがカ
オスに飛び込む事態を惹き起こす。

　プリゴギンはシステムが秩序からカオスに移る正確な瞬間を分岐点と名付
けた。システムが分岐点に近づくと、非常に小さな見たところ重要に見えない出
来事にすぎないのにそれがカオスを産む。カオスからシステムは自身を新しいよ
り高いレベルの共鳴で機能するシステムに再構成する。

　元のシステムに比べて共鳴がより高いレベルになるか低いレベルになるか
は数学者が「ストレンジ・アトラクター」と呼ぶもので決まる。ストレンジ・アトラク
ターは古い秩序に織り込まれた新しい秩序の種として視覚化出来る。例えば、ブ
ランコを学習する子供は小さな成功を通じて、他の子供をモデルとし、前向きな
後押しをうけてアトラクターを築く。古い秩序が分解したとき、これらの経験の振
動の周りに新しい秩序が形成される。

　次のページの絵はコンピュータで生成させたカオスのイメージである。それ
らはベノア‐マンデルブロのフラクタルの数学等式に基づいている。この絵を見
ると、分岐点の瞬間におけるシステムとして視覚化できる。新しい共鳴の状態へ
システムが変換する前の不協和音が最も高いレベルに達している。

　これらの絵で瞑想すると不協和音はそれ自身の特別な美を持っていること
が明らかになる。これは音楽と同様に生活において何が不協和音であり何がそ
うでないのかと言う考えが常に変化していることのもう一つの説明となる。聞く者
が不協和音に身をゆだねるとき、その者は新しい秩序に変換される。

　我々は生活において不協和音を聞きその真価を認めることを学ばなければ
ならない。例えば、目覚まし時計は眠っている自己にとって不協和音である。しか
し、目覚めた自己にとって、目覚まし時計は我々を目覚めることを思い出させるこ
とを引き起こす音である。しばしば、目覚めた自己は目覚ましをセットしたことを
忘れる。目覚ましは我々をうるさがらせる。我々は怒る。我々は目覚ましを部屋の
向こうに投げるかも知れない。そのメッセージに身を任せるとき、我々は目覚め
そして思いだす、「今日は休暇を始めるために早起きしたんだ」。目覚ましに感謝
だ、そうでなければ飛行機を逃すところだった。

　音による治療の観点からすると、不協和音の経験は我々の内的な警報シス
テムである。目覚ましが鳴った時、それを好むか好まないかに関わらず何かが変
化し始めている。目覚ましに抵抗するほど、生活における不協和音が高まる。

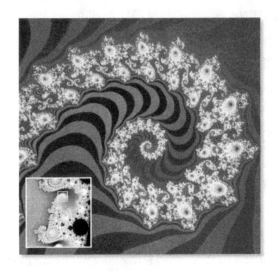

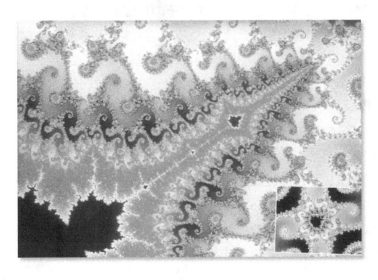

　　我々は不協和音の真価を認め、そして内なる警告に積極的に聞き入ることを学ばなければならない。「不協和音を聞く訓練」に従えば、警告に注意し目覚めるのを助ける。各音量レベルは目覚まし時計がどんどん大きくなるのに似ている。どの音量で目覚めてもよい。

不協和音レベル1　「全て良いという感覚ではない」

　　おぼろげな不快の感覚がある、あるいは内なる声が警告をささやいている。しばしば体が少しこわばる。時に引っ張られるかすかな感覚を覚える。警告の音量は低く見逃したり退けたりしやすい。後になっての判断で認め、「聞いておけばよかった」あるいは「そんな感じがした」と言うような類のメッセージである。

不協和音レベル2　小さな問題

　　全て良いという感覚ではない—と言う段階を超えて進行し、一瞬にしても、いらだちの元をはっきりと認める。友人や親戚は家にいて汚したのを掃除することはないし、我々も何も言わない。彼らが掃除をするのは不快ですらあるが、しかし、それは小さな問題ではある。不快はすぐ消え去る。しばしば自分に言い聞かせる：「いいんだ。数日で出ていくから。彼は非常にいい人だから、ここに居てもらうのに彼のために掃除をするのは価値がある。このようないいわけを信じるようになっても、(これは心理学では拒否の始まりと言う)、小さな問題に面した時には常にこわばる。

不協和音レベル3　大きな問題

　　長い時間の間に意識の中でいらいらの原因は明白である。自分で言い訳をするのがますます難しくなってくる。何かがまちがっていて、問題がある。その人は時として何かを床にぶつけたり、新聞を置き去りにしたり、ごみの中で過ごしたりするのから始まって、歓迎を越して長居をしたり、夜中にステレオを掛けたりするようになる。近所から文句が來るようになる。

　　しかし、まだ問題を放置しておくことが出来る。さらに言い訳をする：「私がもっと優しかったら、彼は出ていくだろう。彼の過ちではない。彼は全くの子供なんだ。彼の行動は私が何とかすることなんだ。」この不協和音の段階では、我々以外の誰もが、我々に問題があることを知っている。遂に何か手を打ったとき、皆が解放される。しかし、拒否し続けると、問題はさらに高いレベルの不協和音となる。

不協和音レベル4　危機

不協和音は大きくなり悲鳴を上げる。我々はもう逃れることが出来ない。それはどこに行ってもついて回る。全世界が揺れだし崩れてくるようだ。心理療法の表現で、「どん底に落ち込む」ことになり、どこにも逃れる場所がない。不協和音に向き合う必要がある。多くの人がどん底に落ち込んで新しい生活を見つけた物語を語る。

　ずっと前に、どん底にある人々を決めつけないことを学んだ。ベルブ精神病院で働いている間、ボバリーの簡易宿泊所に治療師として呼ばれた。我々は地域へのサービスを拡張する試みを行っていて、入院に至るまえの人々を助けていた。このときには、人間の排泄物が匂い、ゴキブリが壁中に走り回っている小さな汚い部屋に入った。部屋には男が唾まみれで汚いベッドに横たわっており、一人の牧師が彼の横で最後の儀式を行う準備をしていた。私はこんなところに呼び出されたことにむかつき、その男が生活をこんな低いレベルにしたことに怒っていた。

　どうかしてそこに居た。牧師が最後の儀式を行うと、ベッドの男は目を開き言った「イエス様がいる」突然、彼は輝きだした。私はその部屋の揺れが大きくなるのを感じた。この死に行く男を見たとき、彼は突然柔軟に光を放ちだした。私は彼のエネルギーがその部屋を包んでいるのを感じた。私は祝福され優しさが降り注いだかのように感じた。

　この全ては時計で言うと数分続いたそして私の内なる時間の観点では永遠に続いた。彼が最後の息を吐いたとき、この汚れたむかつく酔っ払いが私の生涯で最も重要な精神的教師の一人に変身した。彼は危機が異常な成長の機会であり得ること、そして私は人の生活の不協和音を判断するのに非常に謙虚で居るべきだということを教えた。

ヤコブの階段

古代のヤコブの階段の物語は神話の世界における不協和音と秩序との関係を描いたものである。ヤコブの階段は天国と地球との間の元型的象徴的な階段である。階段の頂上では我々は精神的存在であり、そして降りていくと一番底で地上的存在となる。我々の精神的な旅はその階段を登ろうと決めたときに始まる。階段の上に向かう各段はエネルギーと意識が高まる状態を表している。

　ヤコブの階段である段から次の段に移ることは、普通の階段とは異なる。その段は非連続のステップである。各段の間の距離は階段を上っていくにつけてますます大きくなっていく。

　ヤコブの階段を登ることは特別な登る技術を必要とし、それは時に「量子跳躍」と呼ばれる。我々は階段の一つの段あるいは振動にいる。そして突然別の段にいる。我々は文字通りある段から飛ぶ、励起した電子がある軌道から他の軌道に移るように、そして原子の性質を変える。

　ヤコブの階段の神話は、我々の日々の生活で起きている。エネルギーの別の状態に移るのは不協和音で始まる。不協和音の間、我々の生活は挑戦になる。挑戦を拒否すればするほど、不協和音は大きくなる。階段の現在の段について解決は無い。我々はより高い観点から変化を探し、解決を探さなければならない。

　ボバリーでみた男が階段の非常に高い段にいたと信じるに至った。彼は次の段へのジャンプを最後の瞬間まで抵抗していた。最後の権利の間、彼が避けてきた内なる不協和音が何であれ身を任せたのである。彼は想像もできないジャンプに見えたものをしたのである。彼の贈り物は、いかなる瞬間にでも不協和音が新しいより高い共鳴の状態へ移転することがあることを示してくれたことであった。

リズム

　私は映画が音楽を聞くよりよいかどうか知っている。創造的な映画音楽作曲家は音楽と生活を関連付ける能力を持っている。よいサウンド・トラックの無い映画はその訴求力の大半を失う。近年、映画館は特別な「サラウンド・サウンド」システムを設置している。今日我々は今までになく「背景」音楽の重要性に気付いている。

　優れたコメディアンはリズムとタイミングの重要性について語る。私はマルクス兄弟の映画が好きだ。彼らの演技のリズムとタイミングは特別な音楽の現実性を産み出す。彼らのばかげた世界に引き込まれる。彼らの筋書きはいつも彼らのリズムから来ているように見える。彼らは皆立派なリズムのセンスを持った音楽家である。チコ、ハルポ、ゼッポはロスアンジェルス交響楽団を雇って日曜日に一緒に演奏する。グロッチョはこれが嫌いで音楽には気を回せないとしている。

　　W.C.フィールズは世界で最も偉大な手品師の一人でありコメディアンである。彼の手品を古い映画で見たが、彼のリズムとタイミングの良さに感激した。彼の映画では、人々が生活をばかげた方法でごまかしていて、おかしなだまし言葉も出てきて、だましの現実にぴったりだった。彼の喜劇のセンスと喜劇用語はこの内的リズムから来ていると感じた。

　　私は祖父とインディアナポリスのクラウン・ヒル墓地を歩くのが好きだった。多くを語らなかった。彼はケンタッキーから来た静かな人だった。彼は素晴らしい歩きのリズムを持っていた。私は彼の歩くペースに引き込まれる感覚と歩きの特別な質を思いだす。彼はいつも静かさの中でクラウン・ヒルの頂上まで歩きそして古代ギリシャの神殿を思わせる記念館を訪れた。いつも沈黙を破りその記念館が有名な詩人ジェイムス・フィトコン・リレイの眠るところだと教えた。記念館の床にペニー銭を投げて、沈黙のうちに丘を下った。

　　私は猫と犬、雷鳴と稲妻、そして夜と昼の動きのリズムの感覚を思いだす。私は両親、姉妹、祖父母、叔母、従兄妹とのやり取りのリズムの感じを思い出す。私がピアノを見つけたとき、直ちにそういったリズムを弾き始めた。音に構っていなかった。ただリズムに気を払い、歩きや、雷、猫、犬の喧嘩、それやこれやについての音楽物語を弾いた。

　　何年か正式なピアノの訓練を受けた後、ある日目覚めて私がもう内なるリズムのセンスから弾いていないことに気付いた。私は音とカウントが出来なくなった。自暴自棄からパニックになって、私はソフィア・ロゾフに電話した、彼女は私がその演奏を尊敬していた友人の薦めたピアノの先生であった。ソフィアは我々のレッスンを始めたとき、彼女の先生、アビィ・ホワイトサイドから受け継いだただ一つのルールがあることを私に教えた、それは作品の感情的なリズムを決して壊してはいけないということであった。

　　音楽は内なるリズムの場所から来るべきである。クラシックのピアニストは作曲家の感情的なリズムを見つけ、そのリズムに溶け込む、すると音楽が自然と浮かび出てくる。知的な知識は学生が学ぶべき最後のものである。偉大なクラスの間、教師は生徒のリズムに注目し、講義実演はそういったリズムから来る。学生はリズムの同期を通して学び、それが起こった時、教師はオーケストラで指揮をしているかの如く感じる。

　私はアユルベーダ医学をビンセント・ラッド博士から学んだ。ラッド博士はクラスをその生徒のリズムに合わせることから始めた。我々は静かに座っていた。そのときが来ると、ラッド博士はどっと歌い始めその日学んでいたベーダを歌った。そしてその日一日は特別なベーダのリズムについて続けられた。何年も経って、私は特定の講義内容を忘れている、しかし、内的なベーダのリズムは忘れることがない。

　カップルのカウンセリングでは、お互いに話をさせそれを観察する。私は彼らの言っていることも聞いているが、主な観察はかれらが会話するとき、彼らの体が一緒に動く様子に注目している。彼らのリズムを感じるに任せる。彼らの体が一緒に動くとき、私は彼らが対話していることを知る。彼らが少し同期がずれてくると、かれらがなぜ来たのかを示すようになっていることを知る。かれらがお互いの明らかな関連がない２つの異なったリズムを呈してくると、私は彼らが問題を抱えていることを知る。

　彼らの問題の内容や物語はリズムの次の問題であることを学んできた。ある例では彼らが話すことになすすべがないカップルにある物語を教えたのを思い出す。その話をしている間、私は彼らの異なった不協和音のリズムの感じに融合した。私の中で融合を感じたとき、カップルは泣き始めた。突然、彼らはお互い解り合った。その瞬間に、我々は全員同じリズムに有った。何を言ったかは問題ではなかった。彼らに意見が合わなくても合っても同じリズムにいるよう教えることにした。素晴らしい時だった。

　内なるリズムの足跡を失ったとき病気となる。ヨーロッパでの古い自然療法では保養地に行き自然のリズムを取り戻す。保養地は自然に囲まれた静かな場所である。保養地で、患者はリズミックなスケジュールに置かれ自然の食事を与えられた。毎日患者は座り、環境を楽しみ、散歩をし、日光浴、新鮮な空気を呼吸し、特別な水で入浴した。

　この自然療法保養所を今日の最新病院のリズムと比較する。私が働いてきた病院を一番よく記述する言葉は「困惑させられる」である。蛍光灯、新鮮でない空気、加工食品と水、テレビ、電話、鳴り響くラジオなどの耳障りな音、時間構わず鳴るビープで起こされる、など病院に行くのを恐れるのは不思議ではない。

音楽学校

生活は歌だ。それはそのリズムとハーモニーを持っている。それ
は極性の大小の鍵に存在する全てのものの交響曲である。それ
は不一致を溶け合わせ、反対にあるものをハーモニーに変え、
全てを生活の偉大な交響曲に合体させる。経験を通じて学ぶこ
とは全てを溶け合わせることであり、それは我々がここに存在す
ることの目的である。

—ランドルフ・ストーン、極性治療の創始者

私は個人の課題について学び、解決することを音楽学校と呼ぶ。誰もが入
学する。全てマスターの学位に向けて学ぶ。この学校では、好むと好まざ
るにかかわらず、不協和音と共鳴にについて学ばなければならない。幸い、音楽
学校は壁が無く、レッスンについて払いたいと言うのでなければお金を払わなく
てもよい学校なのだ。変わった学校で、ある人はレッスンを受けないためにお金
を払う。多くの人々は「ホッケーをする」ことを試みるようである。

　音楽学校の落第生も多くいるようだ。彼らには残念ながら、法律（「神の言
葉」と呼ぶ）は学校を終え、すべての試験を１００点のレベルで合格する必要が
あると言う。セント・ピーターとミスター・ルシファーの様な無断欠席の係官は非
常に厳格だ。幸い、卒業するのに一生かけられる。数百万年学び続けている人も
いると聞く。

　時折、音楽学校にいることを理解していない個人もいる。物語を創る、もの
ごととを再配置する、とか他人の人格の美容に多くの時間を割くのが好きなも
のがいる。彼らは時にことが悪くなることがあるのを理解できない。

　問題は共鳴を求めている不協和音に過ぎないことを理解する必要がある。
我々は新しいレベルのエネルギーと自覚の量子的飛躍を学ぶ特別の機会を持
っている。不運なことに、問題があるときにそれが自身に対する判断と考えられ
る。時折専門の治療師の所に行く、そのことが問題があることを意味し隣人が気
付かない方が良いとする。

　不協和音の経験は自然な状態に過ぎないことを教える必要がある。不協和
音は美しい。不協和音の間我々は蝶になる芋虫のようだ。新しい形に変身する
用意が出来ている。その代り、人格に何か悪いところがあると告げられる。誰も

が不協和音を隠そうとし調和のように振る舞おうとするのは驚くことではない。私はそれを「誰！不協和音を持ってきたのは！」あるいは「アルフレッド・ニューマン症候群」と呼ぶ。

　　我々は遅かれ早かれ不協和音を隠すのは不可能だと分かる、隠された不協和音は抜け出し、さらに不協和音を引き寄せる。古くから言われている「逆らえば止まらない」ことを理解するために来る人さえいる。

　　自分の不協和音を隠そうとすると、長からずもっと不協和音の仲間が現れる。不協和音の楽しみを持とうとする。怒りを抱えた立派な人が、怒りを抱えた立派な人に会うと、お互いを立派な方法でなじり合って良い時を過ごす。時々立派な人であることを忘れて爆発する。そしていう「これは私じゃない」。

　　不協和音が体に押し入ってくると、さまざまな臓器が機能不全のように震えを起こす。最後に、生理学的病気になる。そしていう　[どうしてこれに罹ったのだ？」。

　　そしてある日、危機の真っただ中で聞く...

　　「最愛の方、あなたは多くの音で作曲された存在です。あなたの体の形、動き、欲望、動機、そして健康はあなたの内部のコンサートで決められます。あなたのコンサートの源はあなたの望みや欲望を超えた音の核心です。聞きなさい。音はあなたを癒すでしょう。

　　これは音楽学校です。全てあなたが知り感じるのは音です。あなたの不協和音で踊ることを学びましょう。あなたのお相手方は奇妙に見えるかも知れません。彼らを怒り、嘆き、悲しみ、怖れ、絶望と感じるかも知れません。しかし、一度聞き入れば、それらは美しい音に変身します。

　　精神のコンサートは至る所に有ります。あなたがダンスするとき、あなたの体の器官は音を造り、筋肉は正しいトーンを奏でるでしょう。あなたの声は褒め称え、星があなたの上に輝くでしょう。

　　耳を使いなさい...卒業は近い。」

最後に

用語解説

——■——

cps　cycle per second　の略。1秒当たりのサイクル数。チューニング・フォークは精密な楽器であり、従って、正確に一秒間に何回振動するのかを知る必要がある。例えば、もしチューニング・フォークが128cpsとされていると、これはその先端が一秒間に128回前後に動くことを意味する。cps の値が高いほど、音のピッチは高くなる；数が低くなれば、音のピッチはより低くなる。

基本のトーン（Fundamental Tone）　基本のトーンはハーモニックあるいはオーバートーン・シリーズの最初の最も低い音である。全ては基本から始まる。

ハーモニックス（Harmonics）　ハーモニックスと言う語はオーバートーンの別称である。人々は、「あのハーモニックスを聞いたかい？」と言い、他の人は「オーバートーンを聞いたか？」という。彼らはどちらも同じことを言っている。

ヘルツ（ Hertz）　科学者たちは秒あたりサイクルを言うのにヘルツ、略してHzを使う。例えば、1 Hz は 1 cpsと同じである。ヘルツはその電磁気波での業績によってドイツの科学者、ハインリッヒ・ヘルツにちなむ。

音程（Interval）　2つのトーンの間の間隔あるいは違いは音程と呼ばれる。例えば、C256cps のチューニング・フォークとG384cps の間の違いは 5 度の音程と呼ばれる。音程は比でもある。

音（Note）　音には文字が与えられる。例えば、音をC、D、E、F、G、A、あるいは B と呼ぶ。これらは音楽の音である。音の厳密なピッチはその音の cps あるいはほかの音との音程の関係で決められる。多くの異なったCがあることを理解しておくことが大切だ。ある音がCだと言ってもその音の特定のcps を示しているわけではない。もし、厳密さを要求するなら、cps を知る必要がある。

オクターブ(Octave)　８つ(Octa)の音を含んでいるとその関係をオクターブ
と呼ぶ。オクターブの上の音は下の音のちょうど２倍である。オクターブの間
隔の中に全ての可能な音程が含まれている。この理由から、ギリシャ人はオ
クターブのことをディアパッソンと呼んだ、それは「全ての可能性を通して」の
意味である。同様に、錬金術者、神秘主義者、霊的哲学者たちは創造を「オク
ターブ」に属する、あるいは異なったオクターブに属するとした。著者の創造
の理解には常に相対的な部分がある。

オットー・チューニング・フォーク　これは先端に錘(おもり)を着けた通常
のチューニング・フォークである。この錘のためチューニング・フォークはより
多くの振動を柄を通じて伝達する。この理由から、これらのチューニング・フォ
ークは体に直接置くのに優れている。

オーバー・トーン (Overtones)　この語は音の上の音を意味する。一条の流
れで供給される噴水を想像してみなさい。水がパイプを離れると、多くの水
の流れに分かれる。一つの音が多くの音になるのを想像してみなさい。これ
らの音は、噴水のように、オーバー・トーンと呼ばれる。２つのチューニング・
フォークを互いに打ったとき、オーバートーンを発生する。

ピッチ (Pitch)　ピッチは相対的な語で、チューニング・フォークの高いのと低
いのとの特性を指している。例えば、チューニング・フォークの音が高いなら、
それは高いピッチを持つ。もし低ければ、低いピッチを持つ。

手順 (Protocol)　手順はチューニング・フォークの学習のためあるいは治療の
ための特定の音の順序のことである。

比　(Ratio)　比は２つのトーンの数学的関係である。例えば、5度の音程は
2556 cps / 384 cps である。この数を共通因子で割ると、比は2/3である。比
は音程でもある。

サイン波 (Sine Wave)　サイン波はオーバートーンを含まない純粋な波であ
る。一般にチューニング・フォークを膝で打つ時の音はサイン波である。

トーン (Tone)　トーンは固定した秒あたりサイクルを持つ音の波動である。音
の波動は秒あたりサイクルで定義される、ここで１波動は１サイクルである。
秒あたりサイクル(cps)の数値は音の的確なトーンを定義する。cps が小さい
ほどトーンは低くなる。cps が大きいほどトーンは高くなる。トーンの正確さは
１８３４年に初めて秒あたりサイクルで計測された。その時はドイツの物理
学者たちが機械的ストロボを用いてチューニング・フォークを調べた。

チューニング・フォーク（Tuning Fork）　これは1711年にジョン・ショアによって発明された楽器である。1本の柄と2本の先端からなる。それが鳴った時、先端は前後に振動し、正確なトーンを発生する。

化学略称

NO　一酸化窒素

NE　ノルエピネフリン（副腎皮質ホルモン）

付録A
音記録

日付————————————　　場所 ————————————————————

チューニング・フォーク / 音程 ————————————

一般所見 / 印象

詳細所見

音程の中に色彩を経験したか、すなわち、緑色、黄色、青、赤、などだったか?

音程の中に温度を経験したか、すなわち、涼しい、熱い、暖かい、冷たいなどだったか?

音程に聞き入った時考えを受け取ったか、すなわち、メッセージ、洞察、物語、ビジョン、指示など？

音程に聞き入った時特別な感情を経験したか？

音程に聞き入った時幾何学的形、パターン、数学式を経験したか？

音程に聞き入った時体の姿勢に移動あるいは変化を経験したか？

追加所見

付録　B*

Signature: Med Sci Monit, 2003; 9(5): RA116-121
PMID: 12761468

WWW.MEDSCIMONIT.COM
Review Article

Received: 2003.03.03
Accepted: 2003.04.04
Published: 2003.05.22

Sound therapy induced relaxation: down regulating stress processes and pathologies

Elliott Salamon[1], Minsun Kim[2], John Beaulieu[3], George B. Stefano[1]

[1] Neuroscience Research Institute, State University of New York at Old Westbury, NY 11568, USA
[2] The Long Island Conservatory, 1125 Willis Avenue, Albertson, NY 11507, USA
[3] BioSonic Enterprises, Ltd, P.O. Box 487, High Falls, New York 12440 USA

Summary

The use of music as a means of inducing positive emotions and subsequent relaxation has been studied extensively by researchers. A great deal of this research has centered on the use of music as a means of reducing feelings of anxiety and stress as well as aiding in the relief of numerous pathologies. The precise mechanism responsible for these mediated effects has never been truly determined. In the current report we propose that nitric oxide (NO) is the molecule chiefly responsible for these physiological and psychological relaxing effects. Furthermore this molecules importance extends beyond the mechanistic, and is required for the development of the very process that it mediates. Nitric oxide has been determined to aid in the development of the auditory system and participate in cochlear blood flow. We show that NO is additionally responsible for the induced exhibited physiological effects. We proceed to outline the precise neurochemical pathway leading to these effects. Furthermore we explore the interrelationship between the varying emotion centers within the central nervous system and explain how the introduction of music can mediate its effects via NO coupled to these complex pathways.

key words: music • stress • relaxation • soundtherapy • nitric oxide

Full-text PDF: http://www.MedSciMonit.com/pub/vol_9/no_5/3514.pdf
Word count: 2171
Tables: –
Figures: 1
References: 77

Author's address: George B. Stefano, Neuroscience Research Institute, State University of New York at Old Westbury, P.O.Box 210, Old Westbury, 11568 New York, NY, USA, email: gstefano@sunynri.org

* Medical Science Monitor の許可を得て再版

付録　B*

Med Sci Monit, 2003; 9(5): RA116-121

1. DEFINING STRESS

The term 'stress' as defined in the strict biological sense is an event or stimulus that alters the existing homeostasis within a given organism [1]. Some theorists now refer to the 'healthy state' as one of stability in the face of change. Multiple causes of stress add to what is called 'allostatic loading', which can be pathologic if not relieved. The state may be cognitively appraised or non-cognitively perceived. The disturbed organism may either acutely or chronically experience this stimulus. Indeed, the stressor (the stimulus) may even emerge from within the organism itself, such as in interoceptive psychiatric stress. Stress is difficult to define because there are many types of stressors, or stimuli, that can bring on this homeostatic perturbation. Through an extremely complicated homeostatic process, all living organisms maintain their survival in the face of both external and internal 'stressors' [2,3].

Stress when defined as a psychological phenomenon is characterized by feelings of apprehension, nervousness and helplessness, and is commonly present in patients undergoing medical procedures. Past research demonstrates that stress induces numerous types of physiological complications. Stress has been found to cause hypertension, tachycardia and hyperventilation [4], all of which were shown to be linked with ischemia and can cause fluctuations in body temperature, urinary urgency, enlarged pupils, and loss of appetite [5]. Furthermore it has been demonstrated that stress leads to increased cortisol levels, depressing the immune system. Lastly, conditions that arouse stress may actually increase pain [6]. An overwhelming amount of research has been conducted into methods of alleviating the stress response, as well as exploring possible mechanisms by which these methods act.

2. STRESS AND ITS RELATION TO MUSIC

The use of music has consistently been found to reduce stress levels of patients in clinical settings. Mulooly et al. [6] investigated the use of music for postoperative stress and found that patients who underwent an abdominal hysterectomy reported lower stress levels after listening to music when compared to patients who were not exposed to this treatment. Studies [7] have contrasted music to verbal distraction, concluding that although the methods were comparable for the reduction of stress, music was more effective in the reduction of blood pressure. Further studies find [8] that adult patients that listened to music during dialysis were found to have significantly lower blood pressure after their treatment than before. In further studies the effectiveness of music in the reduction of stress has been measured in myocardial infarction patients [8], and in coronary care units [9]. Music has been paired with other therapeutic techniques to reduce stress as well. In a study of pediatric patients, group music therapy sessions, including singing, and instrument playing, were found to decrease observed stress in children before surgery [5]. Guided imagery and music together were found to decrease pain and stress in patients undergoing elective colorectal surgery [4].

3. HOW EMOTIONS CAUSE STRESS AND HOW MUSIC ALLEVIATES IT: CNS PROCESSES

Music and its calming effects have been demonstrated to have a large emotional component. When pleasant music is heard the brains motivation and reward pathways are reinforced with positive emotion mentally linked to the music. This emotionalized memory includes many 'somatic markers', i.e, bodily sensations that accompany emotion and set the feeling tone', feels right' to the person [10]. Clearly, music and the emotion it imparts can be viewed as a process of reinforcing a positive belief so that rational thought can not hinder the strength of the belief (see [11,12]). Indeed, belief in regard to a therapy and/or doctor and/or personal religion, may in fact stimulate physiological processes, enhancing naturally occurring health processes by augmenting their level of performance. Conversely, emotional stresses such as fear and anxiety can induce cardiovascular alterations, such as cardiac arrhythmias [13–15]. These cardiovascular events can be initiated at the level of the cerebral cortex and may involve insular as well as cingulated, amygdalar and hypothalamic processes. Clinically we may see this as elevated cortisol levels and in some instances can induce sudden death in patients with significant coronary artery disease [16]. In addition, heart rate is often altered under stressful conditions. Neurons in the insular cortex, the central nucleus of the amygdala, and the lateral hypothalamus, owing to their role in the integration of emotional and ambient sensory input, may be involved in the emotional link to the cardiovascular phenomenon. These include changes in cardiac autonomic tone with a shift from the cardioprotective effects of parasympathetic predominance to massive cardiac sympathetic activation [13]. This autonomic component, carried out with parasympathetic and sympathetic preganglionic cells via subcortical nuclei from which descending central autonomic pathways arise, may therefore be a major pathway in how belief may affect cardiovascular function. The importance of music and the elicited emotional response (and therefore limbic activation) was further demonstrated in ischemic heart disease when patients with frequent and severe ventricular ectopic rhythms were subjected to psychological stress [13]. The frequency and severity of ventricular ectopic beats increased dramatically during emotional activation of sympathetic mechanisms but not during reflexively-induced increased sympathetic tone.

The hard-wiring of emotion/music and cardiovascular neural systems probably involves many subcortical descending projections from the forebrain and hypothalamus [17–22]. Cardiovascular changes were observed in experiments where the motor cortex surface was stimulated, eliciting tachycardia accompanied by and independent of changes in arterial blood pressure [23]. The 'sigmoid' cortex [23,24], frontal lobe [25–27], especially the medial agranular region [28], subcallosal gyrus [29], septal area [30,31], temporal lobe [32], and cingulate gyrus [32–34] appear to be involved. The insular cortex in cardiac regulation is important because of its high connectivity with the limbic system, suggest-

付録 B 続き

Review Article   Med Sci Monit, 2003; 9(5): RA116-121

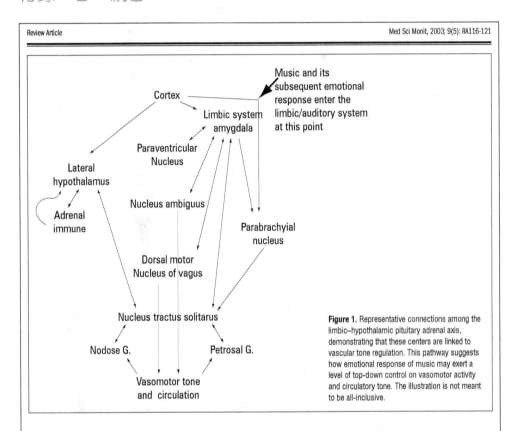

Figure 1. Representative connections among the limbic–hypothalamic pituitary adrenal axis, demonstrating that these centers are linked to vascular tone regulation. This pathway suggests how emotional response of music may exert a level of top-down control on vasomotor activity and circulatory tone. The illustration is not meant to be all-inclusive.

ing that the insula is involved in cardiac rate and rhythm regulation under emotional stress [35–38].

The amygdala, with respect to autonomic-emotional integration [39,40], is composed of numerous subnuclei, which the play a major role in the elaboration of autonomic responses [41]. There are profuse inputs to this region from the insular and orbitofrontal cortices, the parabrachial nucleus, and the nucleus tractus solitarius [42–44]. Amygdalo-tegmental projections are viewed as a critical link in cerebral cortical control of autonomic function [45,46].

The medial hypothalamus is also implicated in cardiac arrhythmogenesis [47]. Beattie and colleagues [47] suggested that hypothalamic projections that descended into the midbrain periaqueductal gray matter, reticular formation, and intermediolateral nucleus of the spinal cord mediate the response. Magoun and colleagues [48] demonstrated that the lateral hypothalamus and wide areas of the lateral tegmentum are also important for autonomic function. The lateral hypothalamus has long been recognized for its role in the regulation of motivation and emotion and the autonomic concomitants of related behaviors [49]. The densest cortical projection to the lateral hypothalamus arises from the infralimbic cortex [50]. Pressor sites within the insular cortex project more heavily to the lateral hypothalamus than do depressor sites and are represented at caudal levels.

Anatomical studies of the lateral hypothalamus demonstrate projections to the periaqueductal gray matter, the parabrachial region, parvicellular formation, dorsal vagal complex, and spinal cord [51,52]. Furthermore, descending projections of the lateral hypothalamus terminate as a capsule around the dorsal motor nucleus of the vagus nerve, which provides secretomotor fibers to the stomach wall, pancreas, and small intestine. These neural patterns might account for the close association of cardiac and gastric responses.

4. NITRIC OXIDE

The very origin of music as a method of stress release has its roots in the early development of the auditory system. In a study by Fessenden and Schacht [53], it was found that the nitric oxide (NO)/cGMP pathway is thoroughly involved in the development and function of the sensory systems, and specifically in the development of the cochlea. Thus NO is involved in the stimulated relaxation from the very development of the organism, to the mechanism by which the relaxation occurs [54]. Cochlear nerve fibers enter the brainstem and are routed through the thalamus to the auditory cortex. It has been demonstrated that it is along this path that the emotion centers within the limbic system are activated (as depicted in Figure 1. the sensation of music enters the diagrammatic neuronal pathway at the limbic system) [55–57]. Furthermore this neuronal pathway from

付録 B 続き

Med Sci Monit, 2003; 9(5): RA116-121

auditory nerve to cortex was found to be mediated by NO [58].

When we examine NO signaling, we notice two components the constitutive NO synthase (cNOS) endothelial (e) and neuronal (n) isoforms; see [59]. Constitutive NOS (cNOS), as the name implies, is always expressed. When cNOS is stimulated, NO release occurs for a short period of time, but this level of NO can exert profound physiological actions for a longer period of time [59]. NO is not only an immune, vascular and neural signaling molecule, it is also antibacterial [60,61], antiviral [60,61] and it down-regulates endothelial and immunocyte activation and adherence, thus performing vital physiological activities, including vasodilation [59]. Thus NO release subsequent to music listening, has the potential to protect an organism from microbes and physiologic disorders such as hypertension, and also diminishes excessive immune and endothelial activation ocuring largely because of vasodilation modulated by NO [59].

The endocannabinoids, anandamide and 2-arachidonyl glycerol, are naturally occurring cNOS-derived NO-stimulating signaling molecules that are also constitutively expressed [62]. Anandamide, an endogenous endocannabinoid, can also cause NO release from human immune cells, neural tissues and human vascular endothelial cells [63]. Anandamide can also initiate invertebrate immune cell cNOS-derived NO [64]. Estrogen can also stimulate cNOS-derived NO in human immune and vascular cells [63, 65]. We believe that each signaling system performs this common function under different circumstances. Morphine, another naturally occurring animal signal molecule [66], given its long latency before increases in its levels are detected, arises after trauma/inflammation and, through a NO mechanism, down regulates these processes in neural and immune tissues [67]. Anandamide, as part of the ubiquitous arachidonate and eicosanoid signaling cascade, serves to maintain and augment tonal NO in vascular tissues [59]. Estrogen, through NO release, provides an additional pathway by which the system can down-regulate immunocyte and vascular function in women [63]. This may be due to both the immune and vascular trauma associated with cyclic reproductive activities, such as endometrial buildup, when a high degree of vascular and immune activities are occurring. Given the extent of proliferative growth capacity during peak estrogen levels in this cycle, NO may function to enhance down-regulation of the immune system to allow for these changes. Clearly, therefore, enhanced cNOS activity would be a beneficial effect within the concept and time framework of music and the subsequent relaxation it induces. Thus, these signal molecules, especially endocannabinoid and opiate alkaloids [68] have the potential to make you 'feel' good and relax [69], also release NO, which may be a vital part of this complicated process.

5. SIGNALING MOLECULES LEADING TO RELAXATION

As noted above, once individuals undergo a very mild form of work/activity such as music listening, they experience peripheral vasodilation, warming of the skin, a decrease in heart rate and an overwhelming sense of well-being [7,69].

In examining a potential mechanism for the music induced relaxation, besides the over-riding central nervous system output via the autonomic nervous system, peripheral neuro-vascular processes would appear to be important. We surmise NO to be of fundamental importance in this response because of the increase in peripheral temperature, i.e, vasodilation [70]. For a complete review of possible related mechanisms see [59,71–73].

We also surmise, based on current studies, that endothelial derived NO, released through normal pulsations, due to vascular dynamics responding to heart beat [59] as well as ACh stimulated endothelial NO release, may contribute to the effect of NO in inducing smooth muscle relaxation [74]. Furthermore, vascular pulsations may be of sufficient strength to also stimulate nNOS derived NO release, limiting any basal NE actions [74]. Interestingly, nitrosative stress, mediated by involvement of the reactive nitrogen oxide species, N2O3 does inhibit dopamine hydroxylase, inhibiting NE synthesis and contributing to the regulation of neurotransmission and vasodilation [75].This system may provide an autoregulatory mechanism involved in the neuronal control of peripheral vasomotor responses.

6. CONCLUSION

In summary, the music induced relaxation peripherally appears to be mediated by a system of regulation involving NO, as neurotransmitter and as a locally acting hormone. Contingent on the preliminary vasoconstriction and depolarization of the membrane, vasodilation is mediated by NO liberated from vasodilator nerves that activate guanylate cyclase in smooth muscle and produce cGMP. During this stage, NO and NE exist simultaneously. Due to the characteristics of NO, NE no longer mediates vasoconstriction; instead NO activates guanylate cyclase, which produces vasodilation and the relaxation under a depolarized membrane state (see [30,54,76]).

In conclusion, the above findings demonstrate that music has numerous profound effects [4–6,68, see also [77] for social effects] we believe that this occurs via NO, opiate and the above mentioned hormonal system. Furthermore NO has been shown to be a necessary molecule in the development of the auditory system [53], which is required to enable music to act as a relaxant. Taken together we believe that the complex nitric oxide signaling system is the primary and fundamental (from development to mechanism) method by which music acts as a relaxation device.

付録　B　続き

Review Article　　　　　　　　　　　　　　　　　　　　　　　　Med Sci Monit, 2003; 9(5): RA116-121

REFERENCES:

1. McEwen BS: Protective and damaging effects of stress mediation. New Engl J Med, 1998; 338: 171-179
2. Chrousos GP, Gold PW: The concepts of stress and stress system disorders: Overview of physical and behavioral homeostasis. J Am Med Assoc, 1992; 267
3. Fricchione GL, Stefano GB: The stress response and autoim-munoregulation. Adv Neuroimmunol, 1994; 4: 13-28.
4. Tusek DL, Church JM, Strong SA et a: Guided Imagery A Significant Advance in the Care of Patients Undergoing Elective Colorectal Surgery. Diseases of the Colon and Rectum, 1996; 40: 172-178
5. Aldridge K: The Use of Music to Relieve Pre-operational Anxiety in Children Attending Day Surgery. The Australian Journal of Music Therapy, 1993; 4: 19-35
6. Mullooly VM, Levin RF, Feldman HR: Music for Postoperative Pain and Anxiety. Journal of New York State Nurses Association, 1988; 19: 4-7
7. Steelman V: M Intraoperative Music Therapy Effects on Anxiety, Blood Pressure. AORN Journal, 1990; 52: 1026-1034
8. Schuster B: LThe Effect of Music Listening on Blood Pressure Fluctuations in Adult Hemeodialysis Patients. Journal of Music Therapy, 3: 146-153
9. Zimmerman LM, Pierson MA, Marker J: 1988. Effects of Music on Patient Anxiety in Coronary Care Units. Heart and Lung, 1985; 17: 560-566
10. Damasio AR: Descartes' Error: Emotion, Reason, and the Human Brain, Putnam, New York, 1994
11. Stefano GB, Fricchione GL: The biology of deception: Emotion and morphine. Med Hypotheses 49, 1995; 51-54
12. Stefano GB, Fricchione GL: The biology of deception: The evolution of cognitive coping as a denial-like process. Med, . Hypotheses, 1995; 44: 311-314
13. Lown B, DeSilva RA: Roles of psychologic stress and autonomic nervous system changes in provocation of ventricular premature complexes. Am J Cardiol, 1978; 41: 979-985
14. Lown B, Verrier RL: Neural activity and ventricular fibrillation. New Engl J Med, 1976; 294: 1165-1170
15. Wellens HJ, Vermeulen A, Durrer D; Ventricular fibrillation occurring on arousal from sleep by auditory stimuli. Circulation, 1972; 46: 661-665
16. Schiffer F, Hartley LH, Schulman CL, Abelmann WH: Evidence for emotionally-induced coronary arterial spasm in patients with angina pectoris. Br Heart J, 1980; 44: 62-66
17. Holstege G: Some anatomical observations on the projections from the hypothalamus to brainstem and spinal cord: an HRP and autoradiographic tracing study in the cat. J Comp Neurol, 1987; 260: 98-126
18. Holstege G, Meiners L, Tan K: Projections of the bed nucleus of the stria terminalis to the mesencephalon, pons, and medulla oblongata in the cat. Exp Brain Res, 1985; 58: 379-391
19. Hopkins DA: Amygdalotegmentalprojections in the rat, cat and rhesus monkey. Neurosci Lett, 1975; 1: 263-270
20. Hopkins DA, Holstege G: Amygdaloid projections to the mesencephalon, pons and medulla oblongata in the cat. Exp Brain Res, 1978; 32: 529-547
21. Kuypers HGJM, Maisky VA: Retrograde axonal transport of horseradish peroxidase from spinal cord to brainstem cell groups in the cat. Neurosci Lett, 1975; 1: 9-14
22. Swanson LW, Kuypers HG: The paraventricular nucleus of the hypothalamus: cytoarchitectonic subdivisions and organization of projections to the pituitary, dorsal vagal complex, and spinal cord as demonstrated by retrograde fluorescence double-labeling methods. J Comp Neurol, 1980; 194: 555-570
23. Schiff M: Untersuchungen ueber die motorischen Functionen des Grosshirns. Arch Exp Pathol Pharmakol Naunyn Schmiedeberg, 1875; 3: 171-179
24. Cerevkov A: Ueber den einfluss der Gehirnhemisphaeren auf das Herz und auf das Gefassystem, Guseff, Kharkov, Russia, 1892
25. Crouch RL, Thompson JK: Autonomic functions of the cerebral cortex. J Nerv Ment Dis, 1939; 89: 328-334

26. Hsu S, Hwang K, Chu H: A study of the cardiovascular changes induced by stimulation of the motor cortex in dogs. Am J Physiol, 1942; 137: 468-472
27. Winkler C: Attention and respiration. Proc Acad Sci Amsterdam, 1899; 1: 121-138
28. Buchanan SL, Valentine J, Powell DA: Autonomic responses are elicited by electrical stimulation of the medial but not lateral frontal cortex in rabbits. Behav Brain Res, 1985; 18: 51-62
29. Hoff EC: The role of the cerebral cortex in the central nervous regulation of cardiovascular function. Confin Neurol, 1949; 9: 166-176
30. de la Torre JC, Stefano GB: Evidence that Alzheimer's disease is a microvascular disorder. The role of constituitive nitric oxide. Brain Res Rev, 2000; 11: 1581-1585
31. Deutsch DG, Goligorsky MS, Stefano GB et al: Production and physiological actions of anandamide in the vasculature of the rat kidney. J Clin Invest, 1997; 100: 1538-1546
32. MacLean PD: Discussion. Physiol Rev, 1960; 40: 113-114
33. Smith WK: The functional significance of the rostral cingular cortex as revealed by its responses to electrical excitation. J Neurophysiol, 1945; 8: 241–254
34. Ueda H: Arrhythmias produced by cerebral stimulation. Jpn Circ J, 1962; 26: 225-230
35. Fimiani C, Liberty T, Aquirre AJ et al: Opiate, cannabinoid, and eicosanoid signaling converges on common intracellular pathways: Nitric oxide coupling. Prostaglandins, 1998; 57: 23-34
36. Russchen FT: Amygdalopetal projections in the cat. I. Cortical afferent connections. A study with retrograde and anterograde tracing techniques. J Comp Neurol, 1982; 206: 159-179
37. Calaresu FR, Ciriello J: Projections to the hypothalamus from buffer nerves and nucleus tractus solitarius in the cat. Am J Physiol, 1980; 239: 130-136
38. Melville KI, Blum G, Shister HE, Silver MD: Cardiac ischemic changes and arrhythmias induced by hypothalamic stimulation. Am J Cardiol, 1963; 12: 781-791
39. Davis M: The role of the amygdala in fear and anxiety. Annu Rev Neurosci, 1992; 15: 353-375
40. Kapp BS, Frysinger RC, Gallagher M, Haselton JR: Amygdala central nucleus lesions: effect on heart rate conditioning in the rabbit. Physiol. Behav, 1979; 23: 1109-1117
41. Mansson E, Bare LA, Yang D: Isolation of a human kappa opioid receptor cDNA from placenta. Biochem Biophys Res Commun, 1994; 202: 1431
42. Yasui Y, Itoh K, Kaneko T: Topographical projections from the cerebral cortex to the nucleus of the solitary tract in the cat. Exp Brain Res, 1991; 85: 75-84
43. Friedman R, Zuttermeister P, Benson H: Letter to the editor. New Engl J Med, 1993; 329: 1201
44. Bonvallet M, Bobo EG: Changes in phrenic activity and heart rate elicited by localized stimulation of amygdala and adjacent structures. Electroencephalogr. Clin Neurophysiol, 1972; 32: 1-16
45. Allen GV, Saper CB, Hurley KM, Cechetto DF: Organization of visceral and limbic connections in the insular cortex of the rat. J Comp Neurol, 1991; 311: 1-16
46. Kapp BS, Schwaber JS, Driscoll PA: Frontal cortex projections to the amygdaloid central nucleus in the rabbit. Neuroscience, 1985; 15: 327-346
47. Beattie J, Brow GR, Long CNH: Physiological and anatomical evidence for the existence of nerve tracts connecting the hypothalamus with spinal sympathetic centres. Proc R Soc Lond B, 1930; 106: 253-275
48. Magoun HW, Ranson SW, Heatherington A: Descending connections from the hypothalamus. Arch Neurol Psychiatry, 1938; 39: 1127-1149
49. Saper CB, Swanson LW, Cowan WM: An autoradiographic study of the efferent connections of the lateral hypothalamic area in the rat. J Comp Neurol, 1979; 183: 689-706
50. Hurley KM, Herbert H, Moga MM, Saper CB: Efferent projections of the infralimbic cortex of the rat. J Comp Neurol, 1991; 308: 249-276
51. Hosoya Y, Matsushita M: Brainstem projections from the lateral hypothalamic area in the rat, as studied with autoradiography. Neurosci Lett, 1981; 24: 111-116

付録　B　続き

Med Sci Monit, 2003; 9(5): RA116-121

52. ter Horst GJ, Luiten PG, Kuipers F: Descending pathways from hypothalamus to dorsal motor vagus and ambiguus nuclei in the rat. J Auton Nerv Syst, 1984; 11: 59-75

53. Fessenden JD, Schacht J: The nitric oxide/cyclic GMP pathway: a potential major regulator of cochlear physiology. Hearing Research, 1998; 118(1-2): 168-176

54. Stefano GB, Goumon Y, Bilfinger TV et al: Basal nitric oxide limits immune, nervous and cardiovascular excitation: Human endothelia express a mu opiate receptor. Prog Neurobiol, 2000; 60: 531-544

55. Blood AJ, Zatorre RJ: Intensely pleasurable responses to music correlate with activity in brain regions implicated in reward and emotion. Proc Natl Acad Sci, 2001; 25; 98(20): 11818-23

56. Blood AJ, Zatorre RJ, Bermudez P, Evans AC: Emotional responses to pleasant and unpleasant music correlate with activity in paralimbic brain regions. Nat Neurosci, 1999; 2(4): 382-7

57. Zatorre RJ, Evans AC, Meyer E: Neural mechanisms underlying melodic perception and memory for pitch. J Neurosci, 1994; 14(4): 1908-19

58. Michel O, Hess A, Bloch W et al: Localization of the NO/cGMP-pathway in the cochlea of guinea pigs. Hear Res, 1999; 133(1-2): 1-9

59. Chung JW, Schact J: ATP and nitric oxide modulate intracellular calcium in isolated pillar cells of the guinea pig cochlea. J Assoc Res Otolaryngol, 2001; 2(4): 399-407

60. Benz D, Cadet P, Mantione K et al: (2002) Tonal nitric oxide and health: A free radical and a scavenger of free radicals. Med Sci, Monitor, 2002; 8: 1-4

61. Benz D, Cadet P, Mantione K et al: Tonal nitric oxide and health: Anti-Bacterial and –Viral Actions and Implications for HIV. Med Sci Monitor, 2002; 8(1): 27-31

62. Stefano GB, Salzet M, Magazine HI: Bilfinger, Antagonism of LPS and IFN-Błąd! Nieznany argument przełącznika. induction of iNOS in human saphenous vein endothelium by morphine and anandamide by nitric oxide inhibition of adenylate cyclase. J Cardiovasc, Pharmacol, 1998: 31: 813-820

63. Stefano GB, Salzet M: Bilfinger, Long-term exposure of human blood vessels to HIV gp120, morphine and anandamide increases endothelial adhesion of monocytes: Uncoupling of nitric oxide. J Cardiovasc Pharmacol, 1998; 31: 862-868

64. Stefano GB, Salzet B, Salzet M: Identification and characterization of the leech CNS cannabinoid receptor: Coupling to nitric oxide release. Brain Res, 1997; 753: 219-224

65. Stefano GB, Cadet P, Breton C et al: Estradiol-stimulated nitric oxide release in human granulocytes is dependent on intracellular calcium transients: Evidence for a cell surface estrogen receptor. Blood, 2000; 95: 3951-3958

66. Stefano GB, Goumon Y, Casares F et al: Endogenous morphine. Trends Neurosci, 2000; 9: 436-442

66. Lembo G, Vecchione C, Izzo R et al: Noradrenergic vascular hyper-responsiveness in human hypertension is dependent on oxygen free radical impairment of nitric oxide activity. Circulation, 2000; 102: 552-557

67. Tonnesen E, Brix-Christensen V, Bilfinger TV et al: Endogenous morphine levels increase following cardiac surgery: Decreasing proinflammatory cytokine levels and immunocyte activity. Int J Cardiol, 1998; 62; 191-197

68. Snyder M, Chlan L: Music Therapy. Annu Rev Nurs Res, 1999; 17: 3-25

69. Krumhansl CL: An exploratory study of musical emotions and psychophysiology Can J Exp Psychol, 1997; 51(4): 336-53

70. Stuart EM, Caudill J, Leserman C et al: Nonpharmacologic treatment of hypertension: A multiple-risk-factor approach. J Cardiovasc Nurs, 1987; 1: 1-14

71. Okamura T, Ayajiki K, Uchiyama M et al: Neurogenic vasodilatation of canine isolated small labial arteries. J. Pharmacol. Exp Ther, 1999; 288: 1031-1036

72. Toda N: Mediation by nitric oxide of neurally-induced human cerebral artery relaxation. Experientia, 1993; 49 51-53

付録　C

バイオソニック　リパターニング
BioSonic Repatterning™

バイオソニック・リパターニングはジョン・ボウリュー博士が開発した音治療に向けたエネルギー的医療の取組である。バイオソニックは生命の音を意味する。バイオソニック・リパターニングは生命の音で本来自然にあるリズムに同調し整える手順である。バイオソニック・リパターニングは生命を本来振動であると理解することに基づいている。我々の存在を組織し指示している基本的な要素は音である（英語では大文字のＳをつける）。生命の音は、振動する糸のように、和声を創るため何度も何度も分裂する。体の自然なリズムは生命の音の和声である。体のリズム、すなわち、呼吸のリズム、副交感神経のリズム、心臓のリズム、そして内蔵のリズム、に同調し聞き入ることで、それらの源に出会うことが出来る、それはダンサーがさまざまの音楽のリズムで動きその底にある鼓動に出会うのに似ている。

　和声のリズムから生命の音への旅はさまざまな振動状態によって解きほどく過程である。これらの状態は施療師の前に、映像、思考、感情、姿勢、動きのパターン、組織の反応、そして生理学的興奮として現れる。手引きとなる原理は体に感じられる共鳴、静止、不協和音の感覚である。施療師が集中しかつ受け入れる姿勢であれば、その結果は和声と生命の音との間の共鳴する繋がりとなるだろう。

　バイオソニック・リパターニングの重要な領域は骨格システムの物理的構造を生命の音の和声的延長と理解することである。マッサージの施療師はこの知識を体の各領域を視覚的協和のパターンに整えるための地図として使うことが出来る。物理的な協和の整体は全身の共鳴をもたらし、より深いレベルの音的解きほぐしと素晴らしいリズムの調整を産む。骨格の調和のとれた均整に整える際にピタゴラス音程に調音されたバイオソニックのチューニング・フォークで促進される。

　バイオソニック・リパターニングは施療師の手法にまとめられている。例えば、マッサージの施療師は、筋肉と骨格の評価と組み合わせたバイオソニックの評価に基づいてさまざまなリズムの撫で方を産み出すことが出来る。頭蓋の施療師は頭蓋のリズムにおだやかに従ってさまざまな協和のレベルを得、エネル

ギー施療師は脊椎引き伸ばし解放と接続組織ほぐしで体を自然な協和パターンに整える。さらに、バイオソニック・リパターニングの訓練をした施療師は、チューニング・フォーク、音楽、色と光、貴石、調子合わせ、呪文、歌、声、即興演奏、リズミックな動きなどを含む特定の様式を用いて生命の音との共鳴を産む。

　　言葉による対話技術に関して、バイオソニック・リパターニングは声のリズム、速度、ピッチ、声量;さらに感情のリズム、そして人々の間の一般の動きのパターンを統合する。体を扱う施療師あるいは心理治療師はこれらの技術を顧客と親密な関係を得、顧客を診断し、顧客の言葉の表現のさまざまな領域のリズムに合わせて調停するのに使う。施療師はバイオソニック・リパターニングの声と聞き取りの技術を統合して、その仕事に健康感を増進することに繋がる言葉と言葉以外での両方の対話を強化し、新しい側面を得たと告げることが出来る。

　　バイオソニック・リパターニングはジョン・ボウリュウ神経医師、博士によって発見開発された。ボウリュウ博士は、1970年代の前半から初めて、完全な無音と暗黒の部屋、無響室で2年間に500時間以上座り、彼の体の音に聞き入った。音楽施療師かつ作曲家であったので、彼は体の内部でのさまざまな音、リズム、音程の現象に気付き始め、自身の生活を治療するに至った。これらの経験は、彼がバイオソニック・リパターニングと呼ぶ新しい音楽と音の治療の手順や技術の開発を行う手引きとなった。

　　バイオソニック・リパターニングの訓練プログラムはDVDとボウリュウ博士のクラスで提供されている。さらに詳しい情報はwww.BioSonic.com にある。

付録　D
バイオソニック・チューニング・フォークの製造基準

この本に表示されているチューニング・フォークはバイオソニック・エンタープライジズ有限会社で製造されている。バイオソニック・チューニング・フォークは最高級アルミ合金を使用して科学的標準で設計されている。摂氏２０度において０.５％以内に精密にチューニングされている。全てのチューニング・フォークは少なくとも３つの検査手続きを経て品質を保証されている。特別に設計されたアルミ合金は、製品を固く、堅牢で、衝撃に耐え、温度変化に対して周波数の変化が少ない。この結果、長く響くトーン、膝で打ったときには純粋な音の特性、そして互いに打ったときには完全な範囲のオーバートーンを得ている。最上級アルミ合金の使用はまた、バイオソニックのチューニング・フォークが腐食に耐性があり、最高級の表面仕上げを持ち、そして鋭利な角が無いことを意味している。

　　バイオソニックのチューニング・フォークはアルコア社のアルミを使用している。そのアルミは合衆国の規制に従って国内生産され、環境法にも適合している。アルコア社はスイス、ダボスの世界経済フォーラムでの３つの持続力のある会社の１つに挙がっている。２００５年に、ビジネス・ウィーク誌は環境関連のグループと共に、アルコア社を２酸化炭素排出を抑えたことで、「最もグリーンな会社」の１つとランクした。

　　他社からのアルミのチューニング・フォークでテストされたものは、音が弱く、不純のレベルが高く、腐食しやすく、温度変化による周波数変化がある。それらは表面が粗く見え、ひびく時間が２０％短く、治療上必要なトーンの特性が２％以上変動する。アルミは柔らかいため、ストレス軽減の一部としての神経伝搬に重要な多くのオーバートーンが脱落していて、一貫性の面で当てに出来るものではない。これらの会社は弱い不純なアルミのチューニング・フォークを提供していて、対環境記録も悪く労働事情も疑問がある。

文献

---■---

Arroyo, Stephan. *Astrology, Psychology, and the Four Elements*. Reno, NV: CRCS Press, 1975.

Ashton, Anthony. *Harmonograph: A Visual Guide to the Mathematics of Music*. New York, NY: Walker and Company, 2003.

Beaulieu, J. *Music and Sound in the Healing Arts*. Barrytown, NY: Station Hill Press, 1987.

Beaulieu, J. *Polarity Therapy Workbook*. New York, NY: BioSonic Enterprises, 1994.

Becker, Rollin E. *Life in Motion*. Portland, OR: Rudra Press, 1997.

Benson, H., W. Proctor *The Break-Out Principle*. New York, NY: Scribner, 2003.

Bertalanffy, Ludwig von. *General System Theory: Foundations, Development, Applications*. New York, NY: George Braziller, 1968.

Bomberger, C., & J. Haar. "Effects of sound stress on the migration of prethymic stem cells." *Annals of the New York Academy of Sciences*, 1988: 540, 700-701.

Cage, John. *Silence*. Middletown, NY: Wesleyan University Press, 1965.

Castaneda, Carlos. *The Teachings of Don Juan: A Yaqui Way of Knowledge*. New York, NY: Simon & Schuster, 1968.

Cooke, J.P. *The Cardiovascular Cure*. New York, NY: Broadway Books, 2002.

Cousto, Hans. *The Cosmic Octave: Origin of Harmony*. Mendocino, CA: Life Rhythm, 1988.

Coxhead, D., and S. Hiller. *Dreams*. New York, NY: Crossroad Publishing Company, 1976.

Dahl, M., E. Rice, & D. Groesbeck. "Effects of fiber motion on the acoustic behavior of an anistropic flexible fibrous membrane." *Journal of the Acoustical Society of America*, 1990: 87, 416-422.

Doczi, Gyorgy. *The Power of Limits: Proportional Harmonies in Nature, Art, & Architecture*. Boston, MA: New Science Library, 1982.

Earlewine, Mitch. *Understanding Marijuana*. England: Oxford University Press, 2002.

Epstein, R.H. "Puff the Magic Gas." Physician's Weekly online: August 19, 1996.

Fountain, H. "Discovering the Tricks of Fireflies: Summertime Magic." *New York Times*, July 3, 2001, D4.

Garland, Trudi, C. Kahn. *Math and Music: Harmonious Connections*. Parsippany, NJ: Dale Seymour Publications, 1995.

Gendlin, Eugene. *Let Your Body Interpret Your Dreams*. Wilmette, IL: Chiron Publications, 1986.

Goldman, J. *Healing Sounds: The Power of Harmonics*. Rockport, MA: Element Books, 1992.

Hall, Manly P. *The Therapeutic Value of Music*. Los Angeles, CA: The Philosophical Research Society, 1955.

Henry, J.L. "Circulating opioids: possible physiological roles in central nervous function." *Neuroscience and Biobehavioral Review 6*, 1982.

Jeans, James. *Science and Music*. New York, NY: Dover Publications, 1987.

Jenny, Hans. *Cymatics: The Structure and Dynamics of Waves and Vibrations*. Basel, Switzerland: Basilius Presse, 1974.

Khan, Hazrat Inayat. *Music*. New York, NY: Samuel Weiser, 1962.

Knanna, Madhu. *Yantra: The Tantric Symbol of Cosmic Unity*. England: Thames and Hudson, 1979.

Klossowski, R. *Alchemy: The Secret Art*. New York, NY: Thames and Hudson Inc, 1973.

Lauterwasser, A. *Water Sound Images: The Creative Music of the Universe*. Newmarket, NH: Macromedia Publishing, 2002.

Lincoln, Jill, C. Hoyle, and G. Burnstock. *Nitric Oxide in Health and Disease*. England: Cambridge University Press, 1997.

Lenhardt, M., R. Skellett, and P. Wang. "Human ultrasonic speech perception." *Science*, 1991: 253, 82-85.

Livio, Mario. *The Golden Ratio*. New York, NY: Broadway Books, 1992.

Magoun, Harold I. *Osteopathy in the Cranial Field*. Kirksville, MO: Journal Printing, 1976.

Metzner, Ralph. *Human Consciousness and the Spirits of Nature*. New York, NY: Thunders Mouth Press, 1999.

Mookerjee, A. *Kundalini: The Arousal of the Inner Energy*. Rochester, VT: Destiny Books, 1991.

Ouspensky, P.D. *In Search of the Miraculous*. New York, NY: Harvest Books, 1949.

Petsch, H. "Approaches to verbal, visual, and musical creativity by EEG coherence analysis." *International Journal of Psychophysiology 24*, 1996.

Rael, Joseph. *Being and Vibration*. Tulsa, OK: Council Oak Books, 1993.

Rudhyar, Dane. *The Magic of Tone and the Art of Music*. Boulder, CO: Shambhala, 1982.

Schneider, M. *A Beginner's Guide to Constructing the Universe: The Mathematical Archetypes of Nature, Art, and Science,*. New York, NY: Harper Collins, 1994.

Scott, Cyrill. *Music: Its Secret Influence Through the Ages*. London: Theosophical Publishing House, 1937.

Schwenk, Theodor. *Sensitive Chaos: The Creation of Flowing Forms in Water & Air*. New York, NY: Schocken Books, 1976.

Stefano, G.B., G.L. Fricchione, B.T. Slingsby, H. Benson. "The Placebo Effect and the Relaxation Response: Neural Processes and their Coupling to Constitutive Nitric Oxide." *Brain Research Reviews 35*, 2001.

Stefano, G.B., Salzet, M. "Invertebrate opioid precursors: evolutionary conversation and the significance of enzymatic processing." *Int Rev Cytol*, 1999.

Stone, R. *Polarity Therapy: The Complete Works. Vol I*. Reno, NV: CRCS Publications, 1987.

Stone, R. *Polarity Therapy: The Complete Works. Vol II*. Reno, NV: CRCS Publications, 1987.

Strassman, Rick. *DMT: The Spirit Molecule*. Vermont: Park Street Press, 2001.

Sutherland, W.G. *Contributions to Thought*. Fort Worth, TX: Rudra Press, 1967.

Tansley, David. *Subtle Body*. New York, NY: Thames and Hudson, 1985.

Upledger, J., and J. Vredevoogd. *Craniosacral Therapy: Vol I*. Seattle, WA: Eastland Press, 1983.

Urazaev, A.K., A.L. Zefirov. "The physiological role of nitric oxide." *Uspekhi Fiziologicheskikh Nauk*, 1999.

Wieder, June. *Song of the Spine*. Brookridge, SC: Booksurge Publishing, 2004.

謝辞

———■———

この『人間チュ-ニング』を完成させるのに多くの人から助けを得た。

先ず何よりも最初に全ての私の生徒たちに参加し多くの質問をしてくれたことに感謝したい。

私の母と父に　私が今あるのに必要だった全てを与えてくれた。

私の妻 Thea Keats Beaulieu と双子の息子 Daniel と Lukas Beaulieu, 私の生涯の音程。

私の息子 Lars Beaulieu と孫娘 Lua Beaulieu, 私の生涯のオーバートーン。

Pamela Kersage 長年にわたる支援といつも側にいてくれた。

Jackson MacLow 彼の触れるもの全てに詩をもたらした。

Sathya Sai Baba　精神的導きに

Franz Kamin　音楽の導きに

Sofia Rosoff　真正のリズムの中のリズムに。

William R. Howell 郷士　科学とエネルギーが統合できるという新しい視点を開いたことに。

Scott Jefferies と Zak および Jacob Smith　彼らの全ての支援とバイオソニックを21世紀に持ち込んだことに。

Georgio および Camille Palmisano 彼らの愛と支援に。

The Cell Dynamics Research チーム:George B. Stefano, Elliott Salamon, と Min-sun Kim 音の研究への科学的寄与と積極性に。

Peter および Julie Wetzler　彼らの生きた芸術と周りの人全てに創造性を吹き込んだことに。

Bob および Mary Swanson, (Riverbank Laboratories, Inc)　我々のチューニングを保ったことに。

Gerry および Barbara Hand Clow　彼らの友情、ビジョン、とエネルギーの助言に。

Philippe Garnier (Sage Center, Woodstock, NY) 優れたビジョンの表紙を与えたことに。

Gary Strauss と Tracy Griffiths (Polarity Healing Arts Los Angeles California) 彼らの支援と極性治療の本質を代表する治療センターの開設に。

Andreas および Brigitta Raiman Lederman (Schule fur Holistische Naturheilkunde Zug, Switzerland)　長年の友情と支援に。

Urs および Paki Hanauer (Polarity Zentrum, Zurich, Switzerland)　長年の友情と支援に。

Rex および Alaea Beynon (Brynoch Farm) Wales　長年の支援と友情に。

Jeff Volk of Macromedia　長年の支援と音についての論議に。

Jonathan および Andi Goldman　音治療の世界でチューニング・フォークのように振動し常に私の仕事を励まし支援したことに。

George Quasha と Charles Stein　彼らの支援と啓発する会話に。

Frank および Judy Rubin Bosco, David および Lisa Sokoloff Gonzalez　音楽治療師でその本質を代表している。

Vicki Genfann　聞く者全てのために歌い奏でた。

Swami Srinivasan, Swami Swaroopananda, と the Sivananda Yoga Centers の全てのスタッフ　彼らの精神的支援、ビジョン、そして素晴らしいカリブでの会話に。

Silvia Nakkach と Michael Knapp (Vox Mundi Berkley, California)　彼らの音楽と音への愛と周囲の全ての人への啓発に。

Ueli Gasser と Peter Wiedler　彼らの長年に亘るエネルギー、錬金術、音楽、治療に関する知識を分け与えたことに。

David Holtz と Tim Leach (SomaEnergetics)　彼らの支援と音の研究に。

Catherine Vitte　彼女の支援、親切、そして音と頭蓋についての素晴らしい話に。

Zacciah Blackburn (New England Sound Healers)　音治療への確信とそれを世界にもたらしたことに。

Phillip Young (Polarity Network)　彼の極性治療のビジョンを分け与えたことに。

Isa Dollyhigh, R.P.P.　音治療の本質を歌った。

John Cage　とても静かに座り音の中の静かさを私に示した。

Innas Xenakis　彼が形式化した音楽は私を音の無限の数学に導いた。

Karen Krane (High Vibes Distribution)　彼女の支援と多くのプロジェクトについてのフィードバックに。

Michael Kopel　彼の特別な洞察と献身に。

訳者略歴

柏岡　誠治（かしおか　せいじ）

昭和18年10月15日　大阪に生まれる。

昭和37年　大阪府立北野高校卒業

昭和46年　京都大学工学部、同大学院工学研究科、博士課程修了

昭和47年　日立製作所入社　中央研究所にて工業用視覚システムの研究

平成3年　渡米　専門学校を設立

京都大学工学博士

フルートを曽根良一、岡村考二に、ティンパニ・打楽器を村本一洋に学ぶ。

京大交響楽団、ロスアンジェルス・ドクターズ交響楽団、カサ・イタリアーナ歌劇団他で演奏

演奏支援システムの開発で3件の特許取得

CPSIA information can be obtained
at www.ICGtesting.com
Printed in the USA
BVHW071921291020
592034BV00008B/325